中国合作经济发展研究报告（2023 年）

主　　编　胡　联　于志慧
副 主 编　陈宏伟
参　　编　李　想　刘宇荧
　　　　　高　强　傅新红
　　　　　张益丰

中国商业出版社

图书在版编目(CIP)数据

中国合作经济发展研究报告.2023年 / 胡联,于志慧主编.—— 北京：中国商业出版社，2023.9
ISBN 978—7—5208—2634—1

Ⅰ.①中… Ⅱ.①胡…②于… Ⅲ.①中国经济－合作经济－研究报告－2023 Ⅳ.①F121.24

中国国家版本馆 CIP 数据核字(2023)第 180484 号

责任编辑:李 飞

（策划编辑:蔡 凯）

中国商业出版社出版发行

（www.zgsycb.com 100053 北京广安门内报国寺 1 号）

总编室:010—63180647 编辑室:010—83114579

发行部:010—83120835/8286

新华书店经销

北京九州迅驰传媒文化有限公司印刷

*

787 毫米×1092 毫米 16 开 13.5 印张 230 千字

2023 年 9 月第 1 版 2023 年 9 月第 1 次印刷

定价:76.00 元

* * * *

（如有印装质量问题可更换）

中国合作经济发展研究报告（2023年）编委会

前　言

　　《中国合作经济发展研究报告（2023 年）》由七个部分组成，分别是农民专业合作社发展研究报告、中国供销合作社发展研究报告、中国农村信用社发展研究报告、其他类型合作经济组织发展研究报告、家庭农场发展研究报告、合作社社会化服务影响成员采纳绿色防控技术的研究、乡村旅游合作社发展研究报告。

　　通过对我国合作经济发展情况的分析，本报告指出 2023 年我国合作经济发展具有以下特点。第一，中国合作经济发展呈现出多层次的特点。从基层农民合作社到上级合作联社、地区性合作社以及全国性的综合性合作组织，形成了一个层次分明、互相联系的合作经济网络。这种多层次的合作组织形式为农民和农业经济提供了广泛的服务和支持。第二，除了传统的农民专业合作社外，还出现了农民合作社联合社、农民合作社发展社、农民合作社联合社等不同类型的合作形式。这种多样化的合作形式能够更好地适应不同地区、不同农业产业的需求，为农民提供更加灵活和个性化的服务。第三，不同类型合作经济组织共同发展，但发展不平衡。农民专业合作社发展迅猛，截至 2022 年底，我国存续农民专业合作社数量达到了 224.96 万家，较 2021 年底增长了 1.44 万家，增长了 0.65％；中国供销合作社取得显著成就，经济实力、服务能力和发展活力进一步增强；农村信用合作社网点不断增加，涉农贷款逐年增长，仍是农村金融的主力军。第四，我国合作经济发展仍处于初级阶段，不同地区和类型的合作经济组织普遍存在规范不足、政策支持不到位等问题，规范发展和提升质量势在必行。第五，中国合作经济积极推动农村一、二、三产业的融合发展。除了提供农业生产性服务外，合作组织还涉足农产品加工、农村旅游、农村电子商务等领域，促进农村经济的多元化发展。这种融合发展模式为农民创造了更多的就业机会和增收渠道，推动了农村经济的繁荣。

针对我国合作经济发展中的问题，本报告提出以下建议。一是加大政策力度，为合作经济提供更加优惠的政策环境。建立健全法律法规体系，明确合作经济组织的权益和责任，推动合作经济发展的长期稳定。同时，加强对合作经济组织的政策引导，促进其在农业生产、农村经济发展等方面发挥更大的作用。二是加强合作经济组织的组织建设和管理能力提升。加强人才培养和队伍建设，提高组织成员的专业素质和管理水平。加强内部治理，规范运作，提高合作经济组织的效率和竞争力。同时，加强合作经济组织之间的交流合作，促进经验分享和资源共享，推动合作经济发展的协同效应。三是加大金融机构对合作经济的支持力度，提供更加便捷和灵活的金融服务。设立专门的合作经济金融产品，满足合作经济组织的融资需求。加强对合作经济组织的信贷评估和风险控制，降低融资成本和风险。同时，加强金融知识普及，提高合作经济组织的金融管理能力。四是加强合作经济组织的科技创新能力，推动其在农业技术、信息化管理等方面的应用。加大对合作经济组织的科技支持和培训，提高其技术水平和创新能力。加强信息化建设，建立健全信息平台和网络系统，提升合作经济组织的信息化管理和服务水平。五是积极推动合作经济的多元化发展，拓展其在农业生产、农产品加工、农村旅游、乡村电商等领域的应用。鼓励合作经济组织与企业、科研机构、金融机构等进行深度合作，促进资源共享和优势互补。同时，加强合作经济组织的创新能力，积极探索新的商业模式和服务领域，适应市场需求的变化和农民的多样化需求。

本报告是集体合作的成果，分工如下：第一部分由安徽财经大学李想编写；第二部分由安徽财经大学胡联编写；第三部分由安徽财经大学于志慧编写；第四部分由安徽财经大学刘敏编写；第五部分由安徽财经大学陈宏伟编写；专题一由四川农业大学刘宇荧和傅新红编写；专题二由南京林业大学高强和张益丰编写；最后由胡联统稿。

　　本报告得到了中华全国供销合作总社、中国合作经济学会、中国供销合作经济学会以及相关省市农业主管部门、供销社联合社等单位的大力支持，对他们表示感谢。由于系统深入跟踪研究我国合作经济发展这一课题涉及内容多，难度大，对我们来说具有很大的挑战性，不足之处在所难免，敬请领导、专家和合作社工作者批评指正。

胡　联

2023 年 7 月 24 日

序

    安徽财经大学是一所覆盖经济学、管理学、法学、文学、理学、工学、艺术学等七大学科门类，面向全国招生和就业的多科性高等财经院校，是我国首批具有学士学位授予权、第三批具有硕士学位授予权的高校。学校现有13个学院（部），拥有3个省级高峰学科、8个省级重点学科。在2021年软科发布的"中国最好学科排名"榜单中，学校应用经济学、工商管理、统计学三个学科进入前20%。

    合作经济研究体现了安徽财经大学的学科特色、研究传统和文化积淀。改革开放后，学校在全国最早设立了合作经济系，开设了合作经济专业，招收本、专科全日制合作经济专业学生，2013年在全国首招合作经济专业硕士研究生，创办了《合作经济》杂志（后更名为《中国供销合作经济》，现更名为《中国合作经济》）；2011年为凸显合作经济理论研究和学科发展特色，开始筹建中国合作经济博物馆，2012年正式对外开放。首次公开出版的《中国合作经济发展研究报告（2013年）》，得到了农业部、中华全国供销合作总社领导的批示与肯定。此后每年出版的《中国合作经济发展研究报告》《中国供销合作经济发展研究报告》《中国棉花产业发展研究报告》，皆受到相关部门和社会各界的高度评价。

    当前我国经济社会发展进入新时代。党的二十大报告指出，以中国式现代化全面推进中华民族伟大复兴，中国式现代化是全体人民共同富裕的现代化。合作经济组织是满足人们共同的经济、社会和文化需要的联合体，充分体现了人们追求共同富裕的美好向往。

目前，我国农民专业合作社注册登记数量可观，已达 220 多万家；供销合作社持续深化综合改革，不断提升为农服务水平；农村信用社积极推进转型发展，实施普惠金融。未来，合作经济组织如何提质增效，在实现共同富裕的中国式现代化中发挥更大作用是值得研究的课题。因此，以习近平新时代中国特色社会主义思想为指导，研究中国特色合作经济理论与实践，推动中国特色合作经济事业发展，意义重大。

近年来，安徽财经大学围绕做好社会服务这一重要课题，遵循服务地方经济社会发展与服务我国合作经济事业发展两大主旨，从搭建平台、优化机制、创新模式等方面进行了积极尝试。此次出版的《中国合作经济发展研究报告（2023 年）》《中国供销合作经济发展研究报告（2023 年）》《中国棉花产业发展研究报告（2023 年）》是我们与相关单位紧密合作，共同组织策划，由学校中国合作社研究院面向合作单位组建的以教授与博士为主体的协同创新研究团队，经过一年左右深入调查研究所形成的研究成果。

由于系统深入跟踪研究我国合作经济发展这一课题涉及方方面面，对我们来说，具有很大的挑战性，加之时间紧、任务重，不足之处在所难免，敬请领导、专家和合作经济工作者批评指正。

丁忠明

2023 年 8 月

目　录

第一部分　农民专业合作社发展研究报告

一、农民专业合作社的总体概况

（一）农民专业合作社数量趋于平稳

截至 2022 年底，我国存续的农民专业合作社数量达到了 224.96 万家，较 2021 年底增长了 1.44 万家，各类联合社达到 1 万多家，辐射带动近一半农户，而且其中普通农户占成员总数的九成左右。

根据图 1－1 可知，我国农民专业合作社的近十年发展历程中，2013－2018 年，我国农民专业合作社呈现出了强劲的发展势头，处于快速增长期，然而，2019 年之后，合作社数量没有明显变化，逐渐趋于平缓。根据图 1－2 可知，农民专业合作社的总量增长率整体上呈现出下降的趋势，表明我国合作社的发展逐渐实现由注重数量增长向注重质量提升转变。

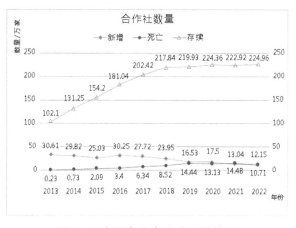

图 1－1 农民专业合作社增长情况

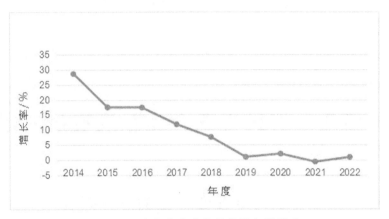

图 1－2　农民专业合作社数量年增长率

（二）农民专业合作社分布状况

从地区分布情况来看，农民专业合作社数量的省级差异较大。截至 2022 年底，农民专业合作社数量排名前五的省份多集中在传统农业大省，分别是山东省、河南省、湖南省、安徽省、湖北省。同时，山东省和河南省的农民专业合作社数量超过 20 万家，其中，山东省存续的农民专业合作社数量最多，达到 24.36 万家，占全国的比重超过 10%。

从行业分布情况来看，2022 年我国有将近 95% 的农民专业合作社分布在农、林、牧、渔业，其他服务行业等类型合作社数量占比极低，这显然比较符合事实经验。进一步来看，分布在农、林、牧、渔业的众多农民专业合作社中，主要是以农业为主，占比达到 58.80%，分布在林业和渔业的合作社相对较少。从具体产业结构来看，从事种植业和养殖业的农民专业合作社居多。从一些省份农民专业合作社的行业分布来看，大部分省份的农民专业合作社也主要分布在农业，且山东省和河南省的农业合作社数量明显高于其他省份；但是，青海省、内蒙古自治区和新疆维吾尔自治区由于区位特征，其合作社类型主要为养殖类合作社（见图 1－3）。

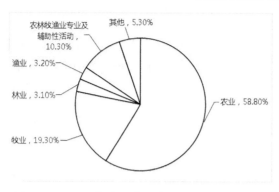

图1—3　2022年农民专业合作社行业分布情况

（三）农民专业合作社发展模式丰富

目前，随着我国农民专业合作社的蓬勃发展，无论是在农业现代化建设进程中，还是促进乡村振兴发展中，其作用都越发突出。为进一步办好合作社，农业农村部主要推介了九种农民合作社模式。主要是以下类型。

一是党支部领办扶贫类农民合作社。通过村党支部领办发展农民合作社，促进乡村产业的发展，从而促进实现全村致富脱贫。二是粮食规模生产类农民合作社。农民合作社是保障我国粮食安全的中坚力量。目前，粮食类生产合作社占我国全部合作社的比例已经超过两成。三是农产品加工销售类农民合作社。通过对农产品进行深度加工，促进销售渠道的拓宽而实现农户收入的增加。目前，我国提供产加销一体化服务的合作社已经超过一半。四是三产融合类农民合作社。优化调整农业产业和充分拓展农业多功能是顺应农业供给侧结构性改革的时代要求。然而，目前此种类型的农民合作社存在很大的发展空间。五是农机服务类农民合作社，其在实现小农户与现代农业发展有机衔接的过程中发挥着重要价值。目前，在所有服务类型的农民合作社中，农机服务类合作社的数量最多，所占比例超过六成。六是品牌果蔬经营类农民合作社。大力发展品牌化农业，是走好质量兴农之路的关键步伐。目前，在我国拥有半壁江山地位的种植类农民合作社中，果蔬类农民合作社则又扮演着重要角色。七是"三位一体"类农民合作社。2017年中央一号文件要求积极发展生产、供销、信用"三位一体"综合合作社。八是"三变"改革类农民合作社。即在

"资源变资产、资金变股金、农民变股东"的农村"三变"改革中，农民合作社成为实施"三变"改革的重要组织载体。九是农民合作社联合社类。各种小类型农民合作社通过依法自愿组合，形成新的联合社，一定程度上能够有效提升小农户的合作层次和扩大规模。

（四）政府对农民合作社的扶持力度日益加大

我国政府一直以来非常注重农民专业合作社的发展，党的十八大、十八届五中全会、党的十九大，以及历年中央一号文件和《农民专业合作社法》等从法律、法规、政策等多个层面增加和完善对农民专业合作社的扶持措施，为进一步鼓励、支持、规范和引导合作社发展提出了明确要求。同时，2019年，由中央农办等多个部门和单位联合印发的《关于开展农民合作社规范提升行动的若干意见》明确提出，要通过加大财政补贴和项目扶持、创新金融服务、加强人才支撑等多方面加大扶持力度，促进其高质量发展。自2004年以来，中央财政对扶持农民专业合作社发展的资金投入规模逐年扩大，截至2019年，年度专项扶持资金投入达14亿元。地方各级政府在中央财政的带领下，也纷纷加大对促进合作社发展的扶持资金投入力度。现阶段，我国扶持农民专业合作社发展的政策措施主要包括税收优惠政策、金融扶持政策、财政支持政策、涉农项目支持政策、农产品流通政策和人才支持政策等六个方面。与此同时，2017年修订的《中华人民共和国农民专业合作社法》，还增加了对合作社用地用电给予优惠的政策内容，以进一步加大扶持力度来促进我国合作社事业的发展。

二、乡村振兴背景下农民专业合作社高质量发展的重要意义

（一）农民专业合作社高质量发展是引领乡村产业发展的重要路径

产业兴旺是全面推进乡村振兴的重要根基。如果乡村产业的发展没有持久的生命力作为重要支撑，那么也就无法实现真正意义上的脱贫和真正的乡村振兴。然而，现阶段我国乡村产业基础薄弱、农村空心化严重、资金人才严重短

缺等突出问题普遍存在；同时，随着市场经济的日益发展，分散的小农户生产已经无法适应市场竞争的需要和满足乡村振兴的需求，都极大地影响了乡村产业的发展。然而，农民合作社可以发挥自身优势，充分调整农业结构规模、激发乡村资源要素、构建乡村产业体系，是产业兴旺发展不可或缺的重要载体。首先，合作社将分散的小农户组织起来，实现统一的生产技术标准和产品品牌，并通过对土地资源的集中规划使用来实现规模化生产。同时，合作社作为连接小农户与大市场的纽带，能够实时引导农户根据市场农产品供需信息以及消费者需求特点调整农业生产计划，不仅整体上提升了农产品的质量，而且进一步增强了农产品的市场竞争力。其次，随着新时代数字信息技术的迅猛发展，产业兴旺也日趋依赖于农业新技术的研发与推广，如各种大型农业机械、农业传感器、遥感技术以及农业大数据平台等现代化农业数字技术。对于分散经营的小农户，新技术的推广使用成本较高，而且并未呈现出明显的收益效果。然而农民合作社由于其特性，承担风险的能力优于小农户，能够大范围地将社会资源进行重组和配置，并不断加大新型农业基础设施的投入。同时，农民合作社还可以积极与各大涉农高校、农业科研机构展开合作，协同促进农业新技术、新设备的研发，充分享受科技创新驱动的红利。最后，随着农民合作社的内涵日益丰富，能够不断拓展出农业的新功能。势单力薄的小农户是无法提供多元化的社会服务的，而农民合作社却可以凭借自身专业优势和组织特点，通过多元化的经营模式，将人才、资本、技术、土地以及信息等各种资源要素与农业现代化融合发展，实现优势互补，进而提高乡村三产融合的深度和广度。同时，农民合作社产业经营模式也日趋健全，其发挥的功能也逐渐由单一的农业生产向以生产为基础的多功能拓展，通过产业重组以及产业内部结构的调整实现农业产业链的延伸和产业质量的提升，如依托农产品发展休闲农业、农产品加工以及农产品电商平台等"农业＋"多业态交叉模式，不仅为农村三产的融合发展提供强大的支撑力，还成为实现农业农村现代化和产业与文化融合发展的有效途径。

（二）农民专业合作社高质量发展是建设美好乡村的重要力量

推进美丽乡村建设是全面推进乡村振兴的重要目标，同时，随着数字经济和信息化的快速发展，数字乡村逐渐成为未来乡村发展的重要趋势，其在社会主义现代化建设中的地位越发凸显。农民专业合作社作为重要的乡村服务组织之一，为美好乡村的建设行动提供了重要物质基础。首先，合作社能够克服分散农户组织化程度低的弊端，在政府政策和财政的支持下，集中整合人力、资本以及技术等各种生产要素，完善乡村的道路、桥梁、通电、通信等公共基础设施，进而提高农村的公共服务水平。其次，农民合作社能够提供多元的社会化服务。例如，围绕农业生产经营管理各环节对农户提供生产技能的培训指导等配套服务，或者通过政策宣传以及会议讲座培养成员的合作意识以及提升其对合作社的认知程度。最后，合作社发挥示范效应，引领绿色生产，对农户的农业经营活动制订合理的规划和给予科学的指导，从而合理地整合配置各类生产要素，实现农业生产全过程的标准化和规范化。不仅能够提高农作物的生产率，而且农产品能够以更好的安全性和质量参与市场竞争，同时，很大程度上减少对自然环境的污染，营造良好的乡村生态环境和改善乡村的基本面貌。此外，由于农业生产方式的转变，农户们的生活方式也在发生潜移默化的改变，农业技术的应用和规模化的经营，农户们不再靠天吃饭，更不用日出而作、日落而息，而是有更多的时间提高自己的生活质量。

（三）农民专业合作社高质量发展是促进乡村实现共同富裕的重要保障

共同富裕不仅是社会主义的本质要求，同时也是广大人民群众的共同愿望。不管是促进农村社会经济的发展，还是全面推进乡村振兴的全面实现，最终都是为了实现全体人民共同富裕的奋斗目标。目前，我国城乡收入差距悬殊、城乡发展失衡，城乡二元结构仍然突出，同时面临着城乡资源配置失衡等问题。因此，城乡发展不平衡、"三农"发展不充分依旧是目前我国经济高质量发展阶段亟待解决的两大难题。将农民专业合作社作为实现乡村共同富裕的重要抓手，并坚守住高质量发展的红线，就能够更好地联系和服务农户，从而形成命运共同体，将乡村产业做大做强，共同享受产业红利，为经济发展积蓄资本。同时，政府建立合理的资金奖补体系和创业帮扶政策，并积极提升乡镇医疗、就业、教育、养老等公共服务水平，吸引各类企业下乡创办或入股合作社，并对其在信贷供给、税收等方面实施政策倾斜，完善人才评价制度，拓宽合作社专业技术人员的晋升空间，更好地为乡村发展吸纳和保留人才。让广大农民群众共同助力推动美好乡村建设，同时又在乡村全面振兴中实现共同富裕。

（四）农民专业合作社高质量发展是深化农村改革的重要内容

"十四五"规划纲要明确指出，家庭农场、农民专业合作社等新型农业经营主体是现阶段农村深化改革的重要内容，应不断加大其扶持力度。农民合作社作为联系和服务带动农民的重要组织载体，能够促进小农户与现代农业有机衔接，从而推进多种适度规模经营产业的发展，实现资本、人才、技术、信息等社会资源在城乡之间合理分配和高效流动，加快实现城乡融合的进程，激发农村农业现代化发展的动力。首先，实现乡村振兴的最终目的是造福广大农民群众，改善农民群众的生活质量和生活方式。合作社将单打独斗的小农户们集中起来，优化配置各类生产要素资源，实现集约化经营，大大降低了农户的生产成本。经营状况良好的合作社还会不断开拓农业新功能，进军农村二、三产业领域。例如，融合区域特色元素的农村旅游业，农产品加工产业等，不仅推动了当地文化的发展，在一定程度上还能够深化农业供给侧结构性改革。其次，通过对生产要素资源的调整，制定统一标准组织农户实施规模化生产，积极开拓国内外市场，摆脱农户在市场交易中的劣势地位，尽可能为农产品争取好的销售价格，有效缓解小农户与大市场之间的信息不对称问题，一方面能够降低交易成本，另一方面还能增加农户们的经济收益。最后，合作社能够有效盘活各类闲置资产，通过发展壮大乡村集体经济，从而促进乡村产业的振兴，让村民在更大程度上享受深化改革带来的丰厚福利。

（五）农民专业合作社高质量发展是巩固拓展脱贫攻坚成果同乡村振兴有效衔接的重要载体

"十四五"规划纲要明确提出"实现巩固拓展脱贫攻坚成果同乡村振兴有效衔接"，严格落实"摘帽不摘责任、摘帽不摘政策、摘帽不摘帮扶、摘帽不摘监管"的要求，建立健全巩固拓展脱贫攻坚成果长效机制。首先，农民专业合作社作为联系服务农民的重要组织载体之一，能够不断创新和优化乡村产业的生产经营模式，从而促进合作社成员实现增收，同时一定意义上还能提高低收入群体的收入水平，这与全面推进乡村振兴的目标任务高度吻合。例如，许多地区将贴息贷款或者专项扶持资金作为股金加入合作社，然后农民合作社通过健全的利益联结机制，将一部分入股资本分配给农村低收入家庭，并且在年度财务结算之后，按照合作社的利益分配机制，进一步将合作社的盈余收益继续分配给农村的低收入家庭，防止其再次返贫，很好地体现了合作社的"益贫性"。其次，积极鼓励并引导自身经营效率低下和劳动能力丧失的农村家庭通过土地托管、土地流转或者入股的方式将自己承包的土地依托给发展实力较强的农民合作社，通过对土地的规模化经营和集约化管理来更大程度上实现农民收入的增加。最后，农民合作社不断完善自身的教育培训体系，将从事生产经营的农户组织起来，积极展开各种培训，例如，新品种的介绍，新技术的推广使用或者国家帮扶政策的宣传等，并会在田地间进行实践教学，让农户们亲自体验利用新技术种植新品种的全过程，鼓励农户发展特色产业。

三、农民专业合作社发展中存在的问题

（一）农民专业合作社产业融合发展方面有待提升

全面推进乡村振兴是建设社会主义现代化经济体系的重要基础，产业兴旺是全面推进乡村振兴的重中之重。因此，实现农村地区三产深度融合发展，构建现代化农业产业体系，是推动"三农"工作顺利开展、全面推进乡村振兴的必然要求，具有重要的现实意义。农民专业合作社作为主要新型农业经营主体，是带动农户实现增收，与当地农户形成互惠共赢的产业共同体的重要力量。但目前农民专业合作社在实现农村产业融合发展过程中却面临着不可忽视的现实困境，具体表现在以下方面。

一是农民专业合作社主体间联系不紧密。近年来，虽然各地都组建了农民专业合作社，但由于组建时间较短，大部分合作社规模较小，参与成员数量较少，虽然在带动农村产业发展中取得了一些成就，但总体来说辐射带动范围小，带动农村产业发展、农民增收作用不明显。成员参与程度低，受文化水平限制，大部分农村地区农民群体缺乏合作意识，对合作社发展不太重视，主动参与合作社事务的意愿不强烈。此外，合作社一、二、三产业融合发展程度不高，合作社成员大多参与的是农作物生产环节，在农产品加工、流通、销售等二、三产业环节参与度不高。合作社由于规模较小，只能委托农业企业进行农产品加工，无法实现自身的产业融合。

二是农民专业合作社发展经费不足。首先，政府财政补贴力度较小。虽然各地政府为各级合作社发展安排了相应的资金，但政府财政资源有限，对合作社发展资金支持力度保障不够，限制了合作社长期发展。其次，金融机构融资借贷较为困难。合作社贷款方式较为单一，大多只能在农业银行、农村信用社等中介机构进行贷款，贷款需要满足的门槛条件较高，而且贷款手续比较复杂，同时贷款额度小，致使合作社申请贷款较为困难。最后，社会资本投入积极性不高。合作社发展市场竞争力不足，大部分合作社与单个农户相比，所面对的市场风险并未下降，社会资本投资合作社风险较大，加之政府对社会资本的引导、支持力度也不够，因此合作社社会资本投入不多。

三是农民专业合作社销售产业链不完善。其一，合作社尚未实现自身的产业融合，主要集中在初级农产品生产、销售领域，深加工程度低，产业链延伸长度不足，产品附加值较低。大部分合作社经营者品牌意识较弱，很难看到农产品品牌化发展的价值，不会主动去创造申请自己的品牌，不能带领农户取得高收益、推动农业产业体系完善。其二，销售体系不完善，销售形式单一，以线下销售为主，合作社农产品销售渠道有限，导致农产品滞销，产业链不稳定。

（二）农民专业合作社内部组织体系有待健全

一是利益联结机制不完善。我国合作社利益分配主体地位不对等，收益大部分归属于企业与合作社管理者，合作社与农户之间并没有实现真正的"利益共享"，从长期发展来看，不利于调动成员的积极性。合作社利益分配机制不完善，因为没有额外的利益驱动，对那些有能力的生产者的积极性造成了一定的打击，致使农户不愿意出头做"领头人"。

二是内部治理机制不规范。首先，合作社股份的绝大部分主要由核心成员持有，"精英俘获"导致合作社领导者真正拥有合作社事务的决策权，一人一票并没有真正落实实施，普通成员参与民主决策的意识比较淡薄，他们只关心生产农产品所获得的销售收入以及利益返还，管理者"一言堂"的现象较为普遍。其次，大部分合作社对管理者以及普通成员缺乏激励机制。对合作社管理者来说，他们同样是通过股利分红、交易量返还来获得收入分配，并无额外的收入报酬，管理者很难调动积极性推动合作社长期高质量发展。对于普通成员来说，他们作为单个农户出资额本身较小，因此，在合作社进行股利分红、利润返还时获利也甚微，很难有较大的积极性投入合作社发展。最后，大部分合作社缺乏有效的监督机制。成员大多为农户，文化素养较低，法律意识淡薄，对合作社监督作用几乎为零。有的合作社甚至没有成立监事会，也没有制定独立完整的财务审计制度，管理者既充当"领头人"角色，又充当监管者角色，这些都不利于合作社长期可持续发展。

（三）农民专业合作社数字化转型受制约

一是数字技术高素质人才匮乏。农民合作社内部成员学历普遍水平较低、学习能力欠缺、学习兴趣不强，而且大多数对成员开展各种培训教育太过于形式化。此外，在我国多数农村地区，农业生产生活条件较为艰苦，用于数字农业发展的经费对人才的吸引力也不足，加之医疗、养老等社会保障体系尚不完善，数字农业人才队伍建设无法达到预期。

二是传统分散的农业生产模式约束合作社数字化转型。当前我国农业生产仍以分散的生产方式为主，这种传统的农业生产模式难以适应数字农业发展需求。首先，小规模的农民合作社缺乏必要的物质支撑，数字基础设施的建设水平和能力都存在短板，农作物无人机、传感器以及卫星遥感等物联网技术覆盖面尚不广，难以达到实现发展数字农业的要求。其次，传统农业分散生产模式下，农民合作社难以形成规模，导致数字农业发展缺乏规模效应。合作社在农产品生产过程中难以在保证农产品质量的同时，通过规模化运营降低单位产品生产成本，凭借新型数字技术推动农业产业之间的融合和农业价值链的延伸还存在诸多困难，不利于农业数字化发展，进而制约合作社数字化转型进程。

四、农民专业合作社发展的对策

（一）完善销售产业链，强化合作社产品竞争力

农民专业合作社要实现高质量发展，就必须延长农产品深加工产业链，提升农产品附加值，同时提高销售水平，完善销售产业链，将农产品的生产环节与销售环节充分衔接起来，提高合作社农产品竞争力，创造更多的经济效益。

一是加强农民专业合作社农产品品牌建设。品牌是提升合作社产品销售水平的重要推动力，合作社必须树立品牌意识，以自身特色农产品为基础，建立自己的品牌，扩大知名度，赢得消费者对合作社产品的青睐。同时，扩大对合作社农产品的多方宣传。一方面，通过将合作社产品的品牌标志、理念印于包装上面，将合作社产品与品牌形象联系得更加密切；另一方面，通过报纸、电视、互联网等渠道大力宣传合作社产品，将线下与线上宣传方式相结合，提升合作社产品知名度，提高产品附加值。

二是延长农民专业合作社农产品深加工产业链。对农产品进行深加工可以进一步提升农产品附加值，进而提高农产品整体价值，优化合作社农产品供应链，助力农民实现增收。推动合作社农产品初加工与深加工统筹推进、协调发展，同时，注重一、二、三产业融合发展，推动农产品生产、初加工、深加工与仓储物流等上下游产业充分衔接，加强农产品冷库仓储、冷链物流体系建设，为优化深加工农产品产业链、保障农产品供应奠定良好基础。

三是拓宽农民专业合作社产品销售渠道。合作社将农户生产农产品进行集中统一销售，形成规模效益，但大部分合作社农产品销售渠道较单一，不利于合作社更好发展。因此，合作社应该扩宽农产品销售渠道，通过采用"企业＋合作社＋农户""农户＋合作社＋社区"、电商直播、观光采摘销售等多种模式进行线上线下结合销售，获取更高的经济效益。

（二）加大资金投入力度，提升合作社造血能力

充足的资金支持是保障农民专业合作社实现高质量发展的必要条件。扩大合作社规模，推动合作社规范化发展，必须加大资金投入力度，拓宽合作社融资渠道，获取社会力量支持，助力农民专业合作社实现长足发展。

一是要争取政府资金支持。当前大部分合作社资金筹集方式较为传统，多采取内部融资，致使资金周转不足，因此，政府应该加大对合作社的资金扶持力度，设立专门的财政资金项目来支持合作社的发展，给予合作社资金、技术方面的支持。并对规模较大、运营规范、运作良好的合作社给予强化支持，更好地发挥这些示范社对其他合作社的带动作用，调动其他合作社的生产管理积极性。

二是要拓宽合作社融资渠道。政府应该设立金融机构涉农贷款补偿机制，

按照金融机构对合作社以及农户的放贷比例对金融机构利息收入损失进行补偿，鼓励金融机构按照合作社发展创新金融产品，开发具有普惠性和跨周期性的涉农金融信贷产品，配合地方政府财政支持政策，有效弥补合作社发展的资金短板，助力合作社升级改造。

三是要完善多元化投资机制。政府要引入社会资本，鼓励企业向合作社提供资金、技术、设备支持，助力合作社规模化、规范化发展，更好地推动乡村振兴战略的实施。

（三）健全内部管理体系，保障合作社规范化运营

一是构建稳定的利益联结机制。实现合作社高质量发展，就必须改善原有的利益分配方式，优化收益分配，将合作社与农户组成稳定的利益共同体，实现收益的有效公平分配。为调动合作社成员积极性，合作社应支持农户以土地、劳动、技术、资金等多要素入股，既可以激励有能力的农户积极参与合作社经营事务，也可以推动合作社与成员之间形成更加稳定完善的利益联结机制。通过形成按劳分配、按生产要素分配以及股金分红相结合的利益分配方式，按照成员投入要素的多少实行差异化收益分配，切实保障每位合作社成员的利益，推动合作社规范化运营。

二是建立健全制度体系和运营机制。完善的内部组织体系和管理机制是发挥合作社辐射带动作用、实现合作社良性长远发展的关键所在。要根据合作社实际管理情况制定完善相应的制度法规，不断地改进完善合作社的财务管理、内部审计、日常运营规章制度，确保合作社能够高效、良性、长远经营。同时，要构建完善的组织架构，建立健全运营机制。合作社应设立包括成员大会、理事会、监事会等组织部门完善的组织架构，各部门按照相应的规章制度依法办事，并定期向成员以及当地政府部门公开所涉业务与经营情况，实现合作社经营管理过程的公开透明。

三是完善激励机制。对合作社成员进行物质、精神激励是合作社治理的内在助推剂。合作社要想实现收益最大化，离不开管理者的用心经营和成员的积极参与，给予合作社经营管理者额外的利益驱动，同时，对经营管理者予以表彰肯定，物质激励与精神激励相结合，促进经营管理者更加为合作社努力工作，同时避免经营管理者因为谋取私利损害合作社利益。对合作社成员来说，

加强对成员的技术培训，对投入多、贡献高、能力强的成员给予更多的利益分配，为实现合作社高质量发展提供牢固的成员基础。

四是加强监督管理力度。要想使合作社更好地发挥其作用，就必须加强各方对于合作社的监督管理。首先，政府部门要加强对合作社的监管，对于合作社上报的材料以及登记事项要进行严格审查，对于提供虚假材料骗取补贴的合作社要及时查明清理。其次，基层党组织要加强对合作社的指导与监管。针对合作社的组织架构及成员要进行严格审查，要杜绝"空壳社""僵尸社"的出现。最后，既要发挥基层党组织对合作社的监管指导作用，又要保证合作社的独立运行，划分清楚双方的职权边界，防止越权现象的发生。

（四）推进数字化合作社发展，提升合作社引领能力

一是在技术层面，加快打造农业大数据平台。农业大数据的建设离不开农民合作社这一载体，通过搭建农业大数据平台，能够建立市场、企业、小农户与合作社之间的数据资源共享机制。首先，农民合作社必须整合数据资源，提高经费的利用效率。数字农业大数据平台的建设与营运需要大量的经费支持，科学数据建设同样需要大量经费支持，因此，农民合作社可以通过建立联动机制，不仅多方筹集发展资金，而且共同参与促进数据资源整合。其次，农民合作社要强化数据采集人员的培训，提高数据采集人员素质。为农业数据采集人员提供相关培训，丰富农业数据采集人员专业知识及相关技能，提高农业数据采集效率，以及在农业数据采集过程中迅速发现问题、及时处理问题的应变能力。

二是在政策层面，发挥政府的引导与带动作用。政府应当落实好发展数字农业和农民合作社向数字化转型的相关政策，严格监督已经出台的政策的执行情况，使得政策在农民合作社数字化转型中能够有效发挥作用。

三是在理念层面，促进数字农业发展的知识体系建设。以农民合作社为传播媒介，扩充农业生产者在数字农业方面的知识储备量，扩展农业生产者对数字农业的了解面，这不仅能够拉近合作社与数字农业的距离，还能增强成员对农民合作社数字化转型的信心。同时，在合作社向数字化转型过程中，应逐渐培育合作社带头人数字生产的精神意识，创新推广数字技术，拓宽合作社经营渠道。作为合作社与成员的桥梁，带头人也能够由此更好地提升农户成员的整体科技文化素质，实现对其整体学习意识和兴趣的培养。

（五）注重成员培养，提高合作社可持续发展能力

人才是合作社实现高质量发展的重要保障，重视合作社人才培养，才能促进合作社可持续化发展。首先，合作社要利用先进技术带来的可视化利益增加合作社成员学习技术的积极性。同时，与专业培训机构合作，按照当地农业发展实际情况，对成员进行一对一技术指导，定期组织技术培训，提高成员学习掌握农业技术的能力。其次，实施人才引进战略。在完善农村基础设施建设的前提下，通过优化工作环境、提高薪资福利待遇、建立绩效补助体系等方法，打消技术人才的顾虑，吸引高质量技术人才投身合作社建设事业之中，从根本上解决限制合作社高质量发展的人才问题，为实现合作社高质量发展提供人才支撑。成员参与度也是影响合作社可持续发展的重要制约因素。合作社应该定期召开成员代表大会，向成员公布合作社近期发展状况与未来发展规划，引导成员积极参与合作社经营管理，提升成员积极性，主动为实现合作社高质量发展出谋划策。

第二部分 中国供销合作社发展研究报告

一、中国供销合作社发展现状分析

（一）供销社机构设置情况

根据中华全国供销合作总社官网数据，其最新全国供销合作社系统基本情况统计公报为 2020 年，因此本部分数据大多数为 2020 年数据。

1. 基层组织数量

截至 2020 年底，全系统有县及县以上供销合作社机关 2789 个，全系统有基层社 37652 个，乡镇覆盖率从 2012 年的 56％提高到目前的 95％，全系统较上年增加了 5187 个基层社，共有 37652 个，基层社发展不断提速，连续多年保持较快增速，在全系统的经济比重稳步提升，整体运行质量明显优化。2022 年全系统有县及县以上供销合作社机关约为 2850 个，全系统基层社总量超过 3.9 万个（见图 2—1）。

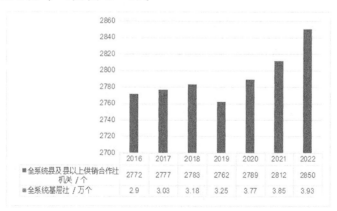

图 2—1 2016—2022 年我国供销社全系统合作社机关及基层社数量统计

2. 供销社系统销售总额

2016年我国供销社行业产值4.85万亿元，到2022年增长到了6.6万亿元，2020年供销社行业销售总额5.3万亿元，2022年我国供销社行业销售总额达到了6.52万亿元（见图2—2）。

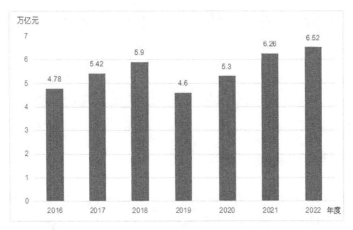

图2—2　2016—2022年我国供销社系统销售总额

3. 龙头企业数量趋于稳定

农业产业化过程中的龙头企业被认为是非常重要的力量。截至2020年末，全系统范围内，经各级政府和省级以上有关部门认定的农业产业化龙头企业共有2412个，比上年增加了172个。其中，省部级及以上认定的农业产业化龙头企业有952个。从图2—3中可以观察到，农业产业化龙头企业的数量在2006年至2009年持续上升，达到高峰。随后在2010年经历了一次下降，但在2013年、2014年和2015年开始出现反弹。在2015年至2020年，龙头企业的数量呈持续波动的状态，但总体趋于稳定。近年来，除了农业产业化龙头企业外，还涌现出大量的农业服务公司、冷链物流、农产品电商等社会化服务企业。这些企业在农业产业链的不同环节提供各种服务，促进了农产品流通、农业生产和农民收入的提升。以上数据和趋势显示了农业产业化龙头企业的重要性和发展态势。这些企业在推动农业现代化、提升农产品质量和效益、促进农村经济发展方面发挥着关键作用。同时，农业产业化的发展也带动了农业服务企业的兴起，为农业产业链的完善和农村经济的多元化发展提供了支持。

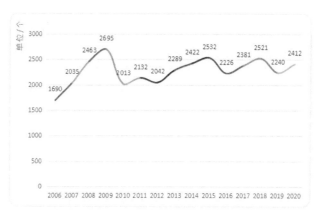

图 2—3　2006—2020 年农业产业化龙头企业数量

4. 领办创办农民合作社数量回升，入社农户数再次增长

截至 2020 年末，全系统共组织了 192460 个各类专业合作社，由农民兴办，较上一年增加了 12648 个。入社的农户数量为 1515.7 万户。其中，还有 9865 个农民专业合作社联合社。这些农民专业合作社广泛分布在种植、畜牧、农机、渔业、林业、民间传统手工编织等各个产业领域，并取得了显著的助农增收效果。从图 2—4 中可以观察到，2006 年至 2018 年，全国供销系统农民专业合作社的数量呈指数增长的趋势，2019 年略有回落，而在 2020 年出现了一波反弹，增加了 12648 个合作社。这显示了农民专业合作社在农村经济中的持续发展和推广。另外，从图 2—5 中可以看出，2006—2020 年的 15 年里，农民专业合作社的入社农户数一直处于相对平稳的增长状态。这表明农民专业合作社在农村社会组织和农业生产中起到了稳定和可持续的作用。这些数据和趋势表明，农民专业合作社在农村经济发展中扮演着重要角色。通过组织农民参与合作社，推动农业产业的协同发展和农民收入的提升。农民专业合作社的发展不仅促进了农村经济的多元化，还增强了农民的组织能力和自主经营意识。这对农村地区的可持续发展和农业现代化具有积极影响。

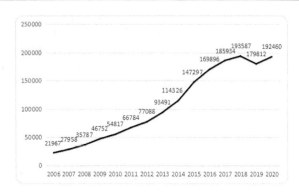

图 2-4　2006-2020 年全系统农民专业合作社数量

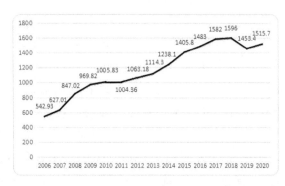

图 2-5　2006-2020 年农民专业合作社入社农户数

（二）供销社经营方式不断拓展

1. 经营服务类型与经营领域

全系统在巩固提升传统业务的同时，不断拓展房地产、生物医药、装备制造、家居建材、家政服务等新的经营服务领域。我国农民专业合作社从事种植业和养殖业最多。2020 年，在全国供销合作系统的各类专业合作社中，农产品类 165156 个，比 2019 年增加了 9417 个，同比增长了 6.05％；农业生产资料类 6327 个，比 2019 年增加 326 个，同比增长 5.43％；综合服务类 6797个，比 2019 年增加了 1187 个，同比增长 21.16％；其他类 14180 个，比2019 年增加 1718 个，同比增长 13.79％。

在农产品类专业合作社中，棉花专业合作社 1321 个；干鲜果蔬专业合作社

54123 个；粮油作物专业合作社 22888 个；茶叶专业合作社 5531 个；中药材专业合作社 8252 个；水产专业合作社 6034 个；畜禽专业合作社 38525 个；其他 28482 个。从图 2—6 中可以看出，干鲜果蔬专业合作社的数量最多，占总体约 32.8%，其次是畜禽专业合作社，占总体的 23.3%。通过观察图 2—7，我们可以清晰地发现过去 15 年中棉花专业合作社的数量呈现出一个明显的趋势。2010 年左右达到了最低点，这一下降趋势可能是由于多种因素的综合影响，如市场需求的变化，经济环境的波动以及农业政策的调整等。同时，观察近几年数据，我们可以发现合作社数量出现了一个新的低谷。这一现象表明可能有一些因素促使了这一趋势的逆转，例如政府的扶持政策、技术创新的推动以及农民对于合作社模式的重新认可等。总体来看，图 2—7 显示了棉花专业合作社数量在过去 15 年中的波动情况。这种波动可能与多个因素密切相关，并且该领域可能面临着一系列挑战和机遇。

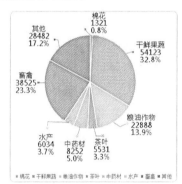

图 2—6 2020 年各种专业合作社占比

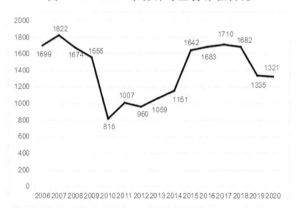

图 2—7 2006—2020 年棉花专业合作社数量

2. 农业社会化服务领域

中华全国供销合作总社从主要面向粮食作物的服务延伸至林业、牧业、渔业等领域，以满足农业生产服务多样化的需求。同时，中华全国供销合作总社将服务范围从生产环节延伸至加工、流通等产业链的后端，积极发展农业生产性服务业、乡村旅游业、农村电子商务业等新产业新业态，促进一、二、三产业的融合发展。中华全国供销合作总社积极拓展农业生产服务的领域，不仅关注粮食作物的生产，还为林业、牧业、渔业等领域提供专业服务。例如，在林业方面，中华全国供销合作总社提供林木种植技术指导、林业资材供应等服务；在牧业方面，提供畜牧养殖技术咨询、饲料供应等服务；在渔业方面，提供养殖技术、渔具供应等服务。这样的服务延伸能够满足农民在不同农业领域的需求，促进多样化农业生产的发展。中华全国供销合作总社将服务范围延伸至农业产业链的后端，积极发展农业生产性服务业、乡村旅游业、农村电子商务业等新产业新业态。通过提供农产品加工、农产品包装、农产品销售等服务，中华全国供销合作总社帮助农民将农产品加工成具有附加值的产品，拓宽农产品的销售渠道。同时，中华全国供销合作总社鼓励农村地区发展乡村旅游业，通过农家乐、农业观光等形式，吸引游客并提供相关服务。此外，中华全国供销合作总社积极推动农村电子商务的发展，促进农产品的线上销售和农民与消费者的直接连接。这些新产业新业态的发展为农村经济提供了新的增长点，促进了一、二、三产业的融合发展。

（三）模式不断创新

1. 农业社会化服务类型多样

截至2020年末，全系统土地全托管面积达到3701.3万亩。这意味着中华全国供销合作总社在农民土地托管方面发挥了重要作用，帮助农民管理和保护土地资源。土地流转面积达到3923.2万亩。中华全国供销合作总社积极推动土地流转，促进农业资源的优化配置和规模经营，提高农民的农业生产效益。提供了12350.4万亩次的配方施肥服务。中华全国供销合作总社通过科学施肥技术和指导，帮助农民合理施肥，提高农作物产量和质量，减少农业环境污染。提供了11448.9万亩次的统防统治服务。中华全国供销合作总社在农田病虫害防治方面发挥了重要作用，通过提供农药、农膜等农资，帮助农民有效防治农作物病虫害，保障农业生产稳定。提供了 8454.3 万亩次的农机作业服务。中华全国供销合作总社积极推进农机合作社的建设和发展，为农民提供农机作业服务，提高农业生产的机械化水平和效率。此外，中华全国供销合作总社还为农村提供了一系列培训和科技支持：共培训了 182.4 万人次的农村实用人才。通过培训，提升农民的农业生产和经营管理能力，促进农业现代化发展。发放了 775.1 万份科技资料。中华全国供销合作总社通过提供科技资料，向农民传播先进的农业技术和知识，引导农民科学种植、科学管理。

2. 业务拓展和创新

中华全国供销合作总社积极拓展业务领域，不仅涉及农产品的流通和销售，还不断扩展到其他领域，包括农资供应、农业科技推广和农产品加工等方面。通过开展多元化的业务，中华全国供销合作总社能够满足农民多样化的需求，提高农产品的附加值和农民的收入。中华全国供销合作总社在农产品流通和销售方面发挥着关键作用。通过建立农产品销售网络和渠道，中华全国供销合作总社将农产品从农田直接引导到市场，帮助农民将农产品销售给消费者，实现农产品的流通和增值。这种流通和销售模式能够提高农产品的市场竞争力，增加农民的收入。中华全国供销合作总社还致力于农资供应。通过与农资生产企业和供应商的合作，中华全国供销合作总社提供农民所需的农资产品，包括化肥、农药、种子、农膜等。这为农民提供了方便快捷的农资采购渠道，帮助他们更好地进行农业生产，提高农作物产量和质量。中华全国供销合作总社还积极推广农业科技。通过组织培训、技术指导和推广示范等形式，中华全国供销合作总社向农民传播先进的农业技术和知识，帮助他们掌握最新的农业生产技术和管理方法。这不仅提高了农民的农业生产水平，还促进了农业的可持续发展。中华全国供销合作总社还关注农产品加工领域。通过与农产品加工企业的合作，中华全国供销合作总社推动农产品的深加工和价值链延伸，提高农产品的附加值和市场竞争力。这种农产品加工模式不仅为农民创造了更多的就业机会，也为他们提供了更多的增值收入来源。

3. 信息技术应用

中华全国供销合作总社借助信息技术的发展，积极推动电子商务和农村"互联网＋"的应用，以进一步提升服务效率和市场竞争力。通过建设农产品电商平台、农村物流网络等，实现农产品的线上线下结合，为供销社带来极大的好处。首先，中华全国供销合作总社通过建设农产品电商平台，为农民提供了一个直接向消费者销售农产品的渠道。农民可以通过电商平台将农产品展示和销售给更广泛的市场，打破了传统销售模式的地域限制。这不仅扩大了农产品的销售范围，还提高了农产品的市场可见度和知名度。其次，中华全国供销合作总社建设农村物流网络，提升了农产品的物流配送效率和服务质量。通过与物流公司合作或自建物流网络，供销社能够更快、更准确地将农产品送达消费者手中，减少了物流环节的中间环节和时间成本，提高了农产品的新鲜度和品质。最后，中华全国供销合作总社通过电子商务和"互联网＋"的应用，还为农民和消费者提供了更多的增值服务。例如，通过农产品电商平台，消费者可以获取农产品的详细信息、溯源资料和质量认证，增加了对农产品的信任度。同时，还能提供农产品在线支付、配送跟踪等便利服务，提升了购物体验和顾客满意度。

4. 金融服务创新

中华全国供销合作总社在农村金融领域进行探索和创新，致力于为农民提供全面的金融服务，包括农业保险和农村信用合作社等。通过这些金融支持措施，中华全国供销合作总社旨在解决农民的资金需求，降低农业经营风险，促进农业的可持续发展，通过推动农业保险的发展，为农民提供风险保障。农业保险可以对农作物、农资、农业设施等进行保险覆盖，一旦发生自然灾害、疾病或其他不可抗力因素导致的损失，农民可以得到相应的理赔，减轻损失的经济压力。这样的保险机制可以鼓励农民积极投入农业生产，降低农业风险，提高农业生产的稳定性和可持续性。中华全国供销合作总社致力于发展农村信用合作社，为农民提供综合金融服务。农村信用合作社可以为农民提供贷款、存款、支付结算、小额信贷等金融产品和服务。通过提供便利的金融渠道和金融工具，农民可以更好地满足资金需求，支持农业生产和经营发展。同时，农村信用合作社还可以通过风险分担和互助机制，提供更加灵活和适应性强的金融服务，促进农村经济的繁荣。中华全国供销合作总社通过农村金融创新，努力解决农民面临的资金困难和风险问题，为农业提供了更加稳定和可持续的金融支持。这有助于提高农民的融资能力，促进农业的现代化和规模化发展，农村金融创新也为农村经济的多元化发展和农民收入的增加提供了重要支持。

5. 农产品品牌建设

中华全国供销合作总社高度重视农产品品牌建设，积极推动农产品质量提升和品牌推广。通过采取农产品溯源系统、地理标志认证等手段，中华全国供销合作总社致力于保障农产品的品质和安全，提高农产品的市场竞争力。首先，中华全国供销合作总社通过建立农产品溯源系统，实现对农产品生产全过程的追溯和监管。通过溯源系统，农产品的种植、养殖、加工、运输等环节的信息可以被准确记录和追踪，确保产品的来源可溯、质量可控。这种溯源系统可以有效提升农产品的品质和安全水平，增加消费者对农产品的信任度，提高农产品的市场竞争力。其次，中华全国供销合作总社倡导农产品地理标志认证，为特定产区的农产品赋予独特的地理标志。通过地理标志认证，农产品的产地、生产工艺、品种特点等信息得到官方认证和保护，使得这些农产品在市场上具备独特的地理品牌优势。地理标志认证为农产品提供了差异化的市场定位，能够吸引更多消费者，提高产品的附加值和市场溢价能力。最后，中华全国供销合作总社通过注重农产品品牌建设，推动农产品质量提升和品牌推广，旨在建立农产品的良好声誉和形象。这不仅有助于提高农产品在市场中的竞争力，还能够为农民带来更好的经济效益。通过品牌建设，农产品能够在市场中获得更高的认可度和溢价能力，增加销售额和利润。

6. 农民合作社联合发展

中华全国供销合作总社积极倡导农民合作社的联合发展，旨在促进资源共享和优势互补。通过农民合作社之间的合作和合并，中华全国供销合作总社推动农民合作社实现规模化经营，提高农民组织的综合实力和市场竞争力。中华全国供销合作总社鼓励农民合作社之间的合作。不同的农民合作社可以通过资源共享、互助互补的方式，实现经验、技术、资金等方面的合作。例如，合作社之间可以共同采购农资、共享农机设备、联合进行农产品销售等。这样的合作可以提高农民合作社的采购和销售效益，降低成本，增加利润，提高经济效益。中华全国供销合作总社鼓励农民合作社之间的合并。通过合并，农民合作社可以整合资源，形成规模化经营，提高生产效率和市场竞争力。合并后的农民合作社可以更好地利用土地、资金、技术等资源，实现农业生产的集约化管理和规模经营。同时，合并还可以减少农民合作社之间的重复建设和管理，提高资源利用效率，实现资源的最优配置。农民合作社的联合发展不仅能够提高农民组织的综合实力，还能够增强农民的议价能力和市场影响力。联合后的农民合作社在市场谈判、价格议定等方面更具竞争力，能够更好地保护农民的利益，获得更好的市场回报。

7. 社会化服务创新

中华全国供销合作总社积极探索社会化服务模式，与企业、机构等展开合作，共同提供农民培训、技术指导、农业服务等综合服务。通过整合社会资源，中华全国供销合作总社致力于为农民提供全方位的支持和服务。首先，中华全国供销合作总社与企业合作，共同开展农民培训。通过与农业企业、农业科技公司等合作，中华全国供销合作总社能够提供专业的农业培训课程和教育资源，帮助农民提升农业生产技能和管理能力。这种合作可以使农民更好地了解最新的农业技术、科学种植方法和市场动态，提高农业生产的效率和质量。其次，中华全国供销合作总社与科研机构、农业技术推广站等合作，共同提供技术指导。通过与专业机构的合作，中华全国供销合作总社能够为农民提供专业的技术咨询、指导和解决方案。这些技术指导涵盖了种植技术、养殖技术、农产品加工技术等多个方面，旨在帮助农民克服技术难题，提高农业生产的科学性和效益性。最后，中华全国供销合作总社还与农业服务机构、农业合作社等合作，共同提供综合农业服务。这种合作模式可以包括农机作业服务、农产品包装和销售、农业投资咨询等。通过整合社会资源，中华全国供销合作总社能够为农民提供一站式的综合服务，满足农民在农业生产、经营管理等各个方面的需求。

二、中国供销合作社改革发展中存在的主要问题

自综合改革不断深化以来，供销合作社取得了许多令人鼓舞的显著成就，并积累了一批可供推广和复制的成功经验。然而，随之而来的新问题也日益增多，严重限制了供销合作社整体优势的发挥。总体而言，新时代供销合作社综合改革面临以下主要挑战。

（一）体制机制不完善

供销合作社综合改革以来，试点省的组织体制机制建设得到了加强，但从服务乡村振兴的角度来看，供销合作社取得的成效有待进一步提升。尽管综合改革在某些方面取得了进展，但供销合作社组织体系尚未形成上下贯通、高效运行的运行体制机制，尤其是在体制机制方面的改革仍然缺乏突破，供销合作

社的独特优势和作用尚未充分发挥出来。当前供销合作社改革在体制机制上仍存在一些不足，如决策机制不够科学、运作机制不够灵活等问题，这导致了决策效率低下和运营不够高效的情况。为了改善供销合作社的体制机制，需要采取一系列的措施。

供销合作社改革面临以下几个主要问题。首先，体制转型难度较大。改革需要对原有机制进行调整和创新，但体制转型常涉及利益关系的调整和利益格局的重新配置，因此在改革过程中可能会遇到各种困难和阻力，导致体制机制改革进展缓慢。其次，供销合作社缺乏科学决策机制。决策过程可能缺乏科学性和民主性，决策权集中在少数人手中，缺乏广泛的民主参与和科学的决策程序。这容易导致决策效率低下和决策结果的不合理性。另外，市场机制不完善也是一个问题。供销合作社面对市场竞争和市场变化时，由于市场机制的不完善，无法有效应对。不完善的市场机制包括价格形成机制、市场准入机制、市场监管机制等方面的问题，这些问题可能对供销合作社的运作产生一定的制约。针对这些问题，供销合作社需要进行深化改革。在体制转型方面，需要推动利益关系的调整和利益格局的重新配置，加强改革的宣传和引导，解决各方面的困难和阻力，推动体制机制改革的顺利进行。在决策机制方面，应加强民主参与，建立科学的决策程序，确保决策的科学性和合理性。在市场机制方面，需要完善价格形成机制，健全市场准入机制和监管机制，为供销合作社提供更好的市场环境和机会。通过解决这些问题，供销合作社能够更好地适应市场竞争和市场变化，提升运作效率和竞争力，实现持续发展和现代化转型的目标。

（二）经营模式创新不足

一些供销合作社在经营模式上缺乏创新，仍然停留在传统的经营方式上，对市场变化和消费者需求的适应性不足，导致竞争力下降。这主要有以下几个方面的原因。首先，传统思维束缚是一个重要因素。一些供销合作社在长期的运作中形成了一种固定的经营思维和模式，习惯于传统的经营方式，对于新的市场需求和变化缺乏敏感性，难以进行创新。缺乏对市场趋势的及时了解和思维的更新，限制了经营模式的创新和发展。其次，信息不对称也是一个挑战。一些供销合作社可能缺乏对市场信息的全面了解，包括市场需求、竞争状况、新技术等方面的信息。信息不对称使得供销合作社难以准确判断市场变化，无法及时调整经营模式。缺乏有效的市场调研和信息收集机制，限制了供销合作社对市场需求的把握和创新的方向选择。再次，缺乏专业化人才也是一个关键问题。供销合作社在经营模式创新中可能面临人才缺乏的挑战。缺乏具备市场营销、战略规划、创新管理等专业知识和技能的人才，限制了经营模式的创新能力。缺乏创新型、专业化的人才队伍，使得供销合作社难以有效应对市场变化和竞争挑战。此外，风险厌恶心理也是制约经营模式创新的因素之一。供销合作社经营模式创新往往伴随着一定的风险。一些合作社可能对风险持保守态度，担心尝试新的经营模式可能带来的风险和不确定性，因此选择保持稳定的经营模式。缺乏创新的勇气和决心，使得供销合作社难以开拓新的市场机遇和创造新的竞争优势。最后，缺乏合作和创新氛围也是一个问题。一些供销合作社可能缺乏鼓励合作和创新的组织氛围。缺乏内部激励机制和外部支持，使得员工对经营模式创新缺乏积极性，难以形成创新的合作机制。缺乏良好的团队合作和创新文化，限制了供销合作社在经营模式创新方面的发展。

（三）服务能力有待提升

传统的供销合作社往往采取一种标准化的服务模式，无法满足消费者多样化的需求和偏好。消费者对产品和服务的个性化定制和差异化体验的需求不断增加，他们更加注重产品质量、品牌形象以及与企业的互动体验。一些供销合作社在信息化建设和技术应用方面相对滞后，缺乏先进的信息技术支持。这使得供销合作社无法充分利用技术手段提高服务效率和质量，无法满足现代消费者对便捷、高效服务的需求。另外，培训和意识不足也是一个挑战。供销合作社对服务培训和提升员工服务意识的投入不足。员工缺乏专业的服务培训和培养，对于服务质量和客户体验的重要性认识不够，影响了服务能力的提升。

第三次全国农业普查数据表明，我国共有31422万农业生产经营人员，占农业经营主体的98%以上，这说明我国农业经营主体以小农户为主，而新型农业经营主体的发展相对不足。这种情况对农业服务的供给结构产生了影响。目前农业服务供给主要满足小农户的需求，主要集中在产中环节的简单作业服务，且需求层次较低。这导致农业服务供给结构以产中环节的简单作业服务为主。尽管新型农业经营主体对专业化服务的需求强烈，尤其需要产前、产后和全产业链层面的服务，但受到需求规模小和新型农业经营主体发展滞后的影响，供销合作社在全产业链层面的专业化服务能力难以发展起来。一些供销合作社在服务质量和水平上存在差异，服务能力有待提升。缺乏专业化、差异化的服务，限制了供销合作社进一步扩大市场份额和提升竞争力。一些供销合作社面临着专业化服务能力不足的问题，因此无法满足不断提高的消费者需求。这主要归因于缺乏在技术、市场营销和客户服务等方面具备专业知识和经验的人才，这一限制因素制约了供销合作社提供高质量服务的能力。在当前的市场环境下，消费者对产品和服务的要求不断提升，他们期望获得更专业、个性化和全方位的服务体验。然而，由于缺乏专业化人才和知识储备，一些供销合作社在满足这些需求方面显得力不从心。缺乏专业的技术人才是一个重要问题。现代农业发展日新月异，技术创新在提高农产品品质、增加产量、提升农业生产效率方面起着关键作用。然而，一些供销合作社缺乏技术专家和工程师，无法提供先进的农业技术支持，限制了农民的生产能力和效益。市场营销能力不足也是一个挑战。农产品市场竞争激烈，仅仅依靠传统的销售渠道和方法已经无法满足消费者多样化的需求。供销合作社缺乏市场营销人才，无法制定有效的市场营销策略，缺乏品牌塑造和产品推广的能力。客户服务能力的不足也制约了供销合作社的发展。提供优质的客户服务是赢得消费者信任和忠诚度的关键。然而，一些供销合作社缺乏专业的客户服务团队和系统，无法及时回应消费者的需求和反馈，造成了服务质量的不稳定性。

（四）内部管理不规范

一些供销合作社在内部管理方面存在问题，如组织结构不清晰、决策过程不透明、内部监督机制不健全等，这些问题直接影响了合作社的运营效率和内部稳定性。首先，组织结构不清晰是一个重要问题，合作社内部缺乏明确的分工和职责划分，导致工作任务不明确、责任不清晰。这种状况可能引发工作重复、责任推诿等问题，影响工作效率和合作社的整体协调性。当员工不清楚自己的具体职责或是工作任务重叠，缺乏协同，就会导致资源浪费和工作效率低下。其次，决策过程不透明也是内部管理的一个挑战，合作社决策可能缺乏透明度和广泛的参与，决策权集中在少数人手中。这种情况下，可能存在偏私或不合理的决策，导致员工的不满和团队的不稳定。如果决策权只集中在少数人手中，其他成员就无法有效参与决策过程，这不仅会降低员工的归属感和参与度，还可能忽略一些重要的观点和创新想法。最后，内部监督机制不健全也是一个问题，合作社缺乏有效的监督和反馈机制，可能出现权力滥用、腐败行为等情况，进一步损害了合作社的运营效率和内部稳定性。缺乏监督机制意味着无法及时发现和纠正潜在的问题，从而给员工和组织带来负面影响。一个健全的监督机制应该能够确保权力的合理运用，防止滥用行为的发生，并为员工提供一个公正和透明的工作环境。

（五）资金和资源短缺

供销合作社在资金和资源方面存在一定的短缺，这限制了它们实现发展和扩大规模的能力。特别是对于规模较小的合作社而言，融资难、融资成本高等问题成为制约因素。首先，供销合作社可能面临融资难的问题。由于一些供销合作社规模相对较小，它们在融资过程中可能难以获得足够的资金支持。银行和其他金融机构在面对小型合作社时可能存在审查严格、风险较高等考虑因素，导致合作社融资渠道受限。缺乏足够的资金支持使得供销合作社在发展过程中受到了一定的制约，无法充分发挥其潜力。其次，融资成本高也是供销合作社发展的一大挑战。对于一些小型合作社来说，由于缺乏抵押物或担保品等可被提供的资产，它们可能只能通过高成本的借款方式来获得所需的资金。高利率和烦琐的融资程序使得合作社的资金成本增加，从而影响了其经营和扩大规模的能力。这种情况下，合作社可能无法有效利用资金进行技术升级、设备更新以及市场拓展等重要举措，进一步制约了其发展的步伐。

一些供销合作社存在资金管理不规范的问题，表现在对资金流动的监控不足和资金使用效率低下等方面。这种情况导致资金的流失、浪费或者无法有效地运用于合作社的发展和运营中，缺乏对资金流动的有效监控使得合作社难以准确了解资金的流向和使用情况，从而容易造成资金滥用或流失，资金使用效率低下可能缘于合作社对资金的分配和运用缺乏科学性和规范性，导致部分资金无法发挥最大的效益。这种情况下，合作社可能错失了投资机会，资金运作效率不佳，进而限制合作社的发展和运营能力。因此，供销合作社需要加强资金管理的规范性和透明度，建立科学有效的资金监控机制，并优化资金运作流程，以提高资金使用效率，实现合作社的可持续发展。

（六）信息化水平不高

一些供销合作社在信息化建设方面滞后，缺乏先进的信息技术支持，对其市场竞争力和效率造成了限制。供销合作社的信息化建设滞后意味着它们未能充分利用先进的信息技术来支持业务运营和管理。缺乏先进的信息技术支持可能导致供销合作社在市场竞争中处于劣势位置，无法与其他竞争对手同步发展。这使得它们在提供高效服务、实现精细化管理和响应市场变化方面面临一系列挑战。由于信息技术的快速发展，供销合作社若未能及时跟进，将错失许多机会。先进的信息技术可以提高业务流程的自动化和效率，实现更高水平的数据分析和决策支持。它们能够帮助供销合作社更好地掌握市场动态、优化供应链管理、提升产品质量，并与客户进行更紧密的互动和沟通。缺乏先进的信息技术支持还可能导致供销合作社在内部管理方面存在短板。现代信息技术可以支持组织的内部沟通与协作，促进信息共享和团队合作，提升工作效率和决策质量。此外，信息技术还能够提供强大的数据分析和预测能力，帮助供销合作社更好地了解客户需求、优化市场营销策略和产品定位。

一些供销合作社对信息技术的投入不足，由于缺乏资金和资源支持，无法进行充分的信息化建设。这些合作社可能面临着资金有限的现实挑战，不得不将有限的资金主要用于日常运营和基础设施的维护，而无法给予信息技术充分关注和投资。由于供销合作社的经营规模和资金实力有限，信息技术投入往往在资金优先级中排名较低。日常运营和基础设施的支出往往被视为更迫切和必要的投资，而信息技术建设往往被认为是可选的或次要的开支。这种优先级的设置导致了信息技术投入的不足，限制了供销合作社在信息化方面的发展和创新能力。另外，缺乏足够的资源也是限制信息技术投入的因素之一。除了资金限制外，供销合作社可能还面临人力资源和技术资源的不足。缺乏具备信息技术专业知识和技能的人才，使得合作社无法有效地规划、实施和管理信息化建设。同时，缺乏先进的技术设备和系统支持，也限制了供销合作社进行信息化建设的能力。

供销合作社可能面临着缺乏具备信息技术专业知识和技能的人才的挑战。它们可能在招聘过程中无法找到符合要求的技术人员，或者现有员工缺乏必要的信息化技能培训和提升机会。首先，供销合作社可能面临技术人才市场的竞争压力。在当今数字化时代，信息技术人才需求量大，但供应相对不足。这使得供销合作社在寻找和吸引高素质的技术人才方面面临一定的困难。优秀的信息技术人才往往受到其他行业或大型企业的吸引，使得供销合作社难以在竞争中占据优势。其次，现有员工可能缺乏信息化技能的培训和提升机会。由于信息技术的快速发展和更新，供销合作社的员工可能没有及时跟上最新的技术趋势和应用方法。缺乏信息化技能可能限制了他们在信息化建设和应用方面的能力，从而影响到供销合作社的业务流程和效率。

三、加快中国供销合作社改革发展的对策建议

供销合作事业是中国特色社会主义事业的重要组成部分之一。作为农村经济组织的基础和重要支撑，供销合作事业在中国特色社会主义农村经济建设中发挥着重要作用。供销合作事业的发展符合中国农村经济发展的实际需求和特点。它通过组织农民集体经济、合作经营和农产品的购销，推动农村农业生产的现代化、农民收入的增加和农村社会经济的发展。供销合作事业积极引导和推动农民合作组织建设，促进农民自治和农民自我管理，为农村居民提供更好的服务和支持。供销合作事业在中国特色社会主义事业中也体现了党的农村工作方针和政策指导。党和国家高度重视供销合作事业的发展，出台一系列政策和措施，支持和推动供销合作社的建设和发展。供销合作事业的发展与农村土地制度、农业产业化、农村改革等相关政策相互配合，共同推进农村经济的发展和农民收入的提高。因此，供销合作事业作为中国特色社会主义事业的重要组成部分，为农村经济发展、农民增收和乡村振兴作出了积极贡献。在未来的发展中，供销合作事业将继续在中国特色社会主义事业中发挥重要作用，推动农村经济的繁荣和农民生活的改善。

（一）完善相关制度和政策支持

当前，供销合作社综合改革已经进入由点到面、全面推开的新阶段，各级供销合作社要深刻认识实施乡村振兴战略对全面深化供销合作社综合改革的重大意义，牢牢把握实施乡村振兴战略给供销合作社发展带来的难得机遇，要切实增强责任感使命感，紧紧围绕乡村振兴战略，加强相关法律法规的修订和完

善，建立健全制度和政策支持体系。为供销合作社提供更多的政策扶持和优惠政策，激励其创新发展和壮大规模。通过修订和完善相关的法律法规，明确供销合作社的地位和权益，强化其法律地位和保护。确保法律法规与供销合作社的实际情况相适应，解决现行法律法规中存在的不足和矛盾。制定针对供销合作社的支持政策和措施，包括财税支持、金融扶持、创新激励等方面。政府可以给予供销合作社税收减免、贷款贴息、创新项目资金支持等优惠政策，鼓励和引导合作社的发展。简化供销合作社的市场准入程序，降低准入门槛，加快审批速度。建立健全交易平台和机制，促进供销合作社与农产品生产企业、流通企业等的合作，优化供销渠道，提高农产品的销售效率和质量。为合作社间的合作与联盟提供支持和激励，通过合作社联合体、合作社合并重组等形式，加强资源整合和协同发展。为合作社间的合作提供奖励和资金支持，鼓励合作社之间的合作创新和共同发展。加强对供销合作社的监管和执法力度，保障合作社运营的合法性和规范性。建立健全监管体系，加强对合作社财务、经营等方面的监督，打击违法违规行为，维护供销合作社的良好发展环境。为供销合作社提供培训和咨询服务，提升合作社成员的管理能力和专业知识。政府可以组织开展供销合作社管理培训班、专题讲座等活动，提供专业的咨询和指导，帮助合作社解决管理问题和困难。通过完善制度和政策支持，能够为供销合作社提供更好的发展环境和条件，推动其规范化、专业化、现代化的发展，进一步发挥其在农村经济中的重要作用。

（二）强化组织建设和内部管理

加强供销合作社的组织建设，优化内部管理体系。完善合作社的组织架构，明确权责和职能，提升内部管理效能，确保供销合作社的良好运行。建立清晰的组织架构，明确各级组织之间的职责和权限。确保组织架构与供销合作社的规模和发展需求相适应，避免组织结构过于庞大或臃肿。建立健全内部管理制度，包括人事管理、财务管理、经营管理等方面。制定明确的规章制度、工作流程和操作手册，规范内部工作行为，提高管理效率和规范性。注重培养和引进具备专业知识和管理能力的人才。通过人才选拔、培训和激励机制，吸引和留住高素质的人才，构建稳定、专业的管理团队。建立畅通的内部沟通渠道，促进信息流动和沟通交流。加强团队协作意识，鼓励合作社成员之间的互动和合作，形成团结一致、互相支持的工作氛围。建立健全内部监督与考核机制，加强对各级组织和管理人员的监督和评估。设立相应的监察机构或内审部门，加强对合作社经营状况、资金使用等方面的监督。推动供销合作社的信息化建设，利用信息技术提高管理效率和信息透明度。建立电子化的管理系统，实现信息共享和协同办公，提升内部管理的科学化和智能化水平。定期组织内部培训和学习活动，提升合作社成员的专业素养和管理能力。培训内容可以包括合作社管理知识、市场营销技巧、财务管理等方面，帮助成员不断提升自身素质和能力。通过强化组织建设和内部管理，能够提高供销合作社的运行效率和竞争力，促进合作社规范化、专业化发展，更好地为农民提供服务，推动农村经济的发展。

（三）加强资金支持和金融服务

为供销合作社提供多样化、可持续的资金支持和金融服务。建立专门的金融产品和服务，降低融资门槛，提高融资便利性，帮助供销合作社解决资金短缺问题。积极引导供销合作社多元化融资，除了传统的银行贷款外，还可以探索发行债券、吸引社会资本投资等方式。鼓励合作社发展借款合作社，扩大融资来源。合作社可以与银行、农村信用社等金融机构建立合作关系，开展定向金融服务。与金融机构签订合作协议，享受贷款利率优惠、提供担保支持等金融服务。鼓励金融机构针对供销合作社的特点和需求，开发适合其发展的金融产品和服务。例如，推出供销合作社贷款产品、应收账款融资产品等，满足其融资和资金周转的需求。为供销合作社提供金融指导和咨询服务，帮助其了解金融政策、掌握融资技巧。金融机构可以组织专业人员开展金融培训和咨询活动，提升合作社对金融知识的认知和运用能力。建立风险管理机制，包括合作社自身的风险管理体系和金融机构的风险评估。同时，推动建立合作社与金融机构的风险共担机制，减轻供销合作社的融资风险，增加金融机构对其信任度。建立和完善供销合作社的信用体系，包括信用评级、信用记录等。通过良好的信用记录，提升供销合作社在金融机构中的信用度，降低融资成本，增加融资机会。积极推进金融科技在供销合作社金融服务中的应用。利用互联网、移动支付等技术手段，提供便捷的金融服务，降低交易成本，加速资金流动。通过加强资金支持和金融服务，可以为供销合作社提供更多的融资渠道和金融支持，帮助其解决资金短缺问题，促进合作社的稳定发展和农民收益的提高。

（四）推动技术创新和信息化建设

供销合作社应发挥农村流通领域的传统优势，不断提升流通网络现代化水平，以线上线下融合为切入点，将现代化流通网络与供销合作社实体网络相结合，加快发展农村电子商务，加强农产品批发市场和物流配送体系建设，努力建成线上线下融合、覆盖全程、综合配套、便捷高效的农村现代流通体系。加强技术创新，推动供销合作社的信息化建设。鼓励合作社应用先进的信息技术，提升生产经营效率和管理水平，加强与电商平台的对接，拓宽销售渠道。建立技术创新支持机制，鼓励供销合作社积极开展科技创新。政府可以提供科技研发资金支持、技术咨询服务等，促进合作社引入和应用新技术，提高生产效率和竞争力。建立供销合作社的信息化平台，实现数据集中管理和共享。通过建设电子商务平台、供销信息系统等，提供便捷的信息交流和业务处理渠道，加强合作社与农民、供应商、消费者之间的联系与互动。加强对供销合作社成员的数字化培训，提升其运用信息技术的能力。培养人员掌握基本的电脑操作技能、网络应用知识，提高信息化水平，适应数字化时代的发展需求。推动供销合作社应用智慧农业技术，包括农业物联网、无人机、人工智能等。通过智能化设备和数据分析，提升农业生产的精准性、效率和可持续性，为合作社带来更多的创新机遇和发展潜力。促进供销合作社与科研机构、高校、企业等的合作与协作。建立产学研用联合创新机制，共同推动技术创新和信息化建设，实现资源共享、优势互补，加快技术研发和成果转化。鼓励供销合作社成员积极参与创新创业。提供创业培训、创业孵化、风险投资等支持，为合作社成员提供创新创业的平台和机会，推动技术创新和信息化建设在供销合作社中的落地和应用。加强供销合作社的信息安全保障措施，确保数据和信息的安全和保密。建立健全信息安全管理体系，加强网络防护、数据备份和恢复等措施，保护合作社和成员的信息资产。通过推动技术创新和信息化建设，可以提升供销合作社的竞争力和管理效率，推动农村经济的现代化发展，实现农业生产的智能化、可持续发展。

（五）提升服务能力和市场竞争力

加强供销合作社的服务能力和市场竞争力。通过培训和教育，提升合作社成员的专业知识和技能，推动差异化服务和品牌建设，提高产品质量和消费者满意度。加强对客户需求的了解，根据农民和市场的需求，调整供销合作社的产品和服务。注重提供个性化、差异化的服务，满足不同客户的需求，增强客户黏性和满意度。打造供销合作社的品牌形象，树立良好的信誉和形象。通过提供优质产品、提高服务质量、遵守承诺等方式，树立可信赖的品牌形象，增强市场竞争力。建立广泛的营销网络，拓展市场渠道。与零售商、批发商、电商平台等建立合作关系，扩大产品的销售范围和渠道，提高产品的市场覆盖率。加强市场调研和信息收集，及时了解市场动态和竞争情况。通过市场调研的结果，调整产品结构、开发新产品，把握市场机遇，提升市场竞争力。注重提升供销合作社的服务质量，包括产品质量、交付准时性、售后服务等方面。培训员工的服务意识和技能，建立健全服务流程，提供高效、便捷、满意的服务体验。根据市场需求和农民种植条件，合理选择优质品种，提高产品的竞争力。同时，加强供应链管理，确保产品的质量和供应的稳定性，提高市场竞争力和顾客满意度。采用创新的营销策略，提升市场影响力。例如，通过市场营销活动、线上线下推广、社交媒体等渠道进行品牌宣传和推广，吸引更多的客户和市场关注。积极参与行业协会和商业组织，加强与其他农业相关企业的合作。通过合作共享资源、整合优势，提升整个供应链的协同效应和市场竞争力。通过提升服务能力和市场竞争力，供销合作社能够更好地满足客户需求，拓展市场份额，提高经济效益和社会影响力。

（六）加强合作与联盟

积极促进供销合作社之间的合作与联盟，加强资源共享和协同发展。通过合作社联合体、产业链合作等形式，整合优势资源，实现规模效益和竞争优势。积极与相关企业、农民合作社、农业合作社等建立合作伙伴关系。通过合作伙伴关系，实现资源共享、互利共赢，共同开展项目合作、市场拓展、技术创新等活动。组织供销合作社、农产品加工企业、农业科研机构、农业服务机构等相关主体，创建农业产业链联盟。通过联盟合作，优化产业链各环节的协作效应,实现农产品的生产、加工、销售等全链条协同发展。建立资源共享和信息共享机制,供销合作社之间相互分享优势资源和信息。例如,共同利用生产设施、仓储物流设施,共享市场信息、销售渠道等,提高资源利用效率和市场反应能力。联合其他合作社、农产品品牌、农业科技企业等,开展联合营销活动。通过共同举办农产品展销会、品牌推广活动、农产品电商平台等方式,增强品牌影响力和市场竞争力。鼓励供销合作社的成员之间进行互助合作。通过成立合作社内部的小组或合作团队,共同承担农业生产、销售等任务,实现资源共享、风险共担,提高经济效益和成员的收益。政府可以加强对供销合作社合作与联盟的政策支持和引导。建立相应的政策框架和扶持措施,提供资金支持、技术支持、培训指导等,推动供销合作社的合作与联盟发展。建立供销合作社间的协调机制,定期召开会议、座谈会等,加强沟通和信息交流。通过组织协调,解决合作过程中的问题和矛盾,推动合作与联盟的顺利运行。通过加强合作与联盟,供销合作社能够充分发挥集体力量,实现资源共享、优势互补,提高综合竞争力和市场地位,促进农业经济的协调发展。

(七) 加大宣传和推广力度

加强对供销合作社的宣传和推广力度,提高社会对供销合作社的认知和理解。宣传合作社的价值和作用,树立合作社的良好形象,吸引更多的成员加入,推动供销合作社的发展。通过综合采取上述对策,能够促进全国供销合作社改革发展的加快,推动其在农村经济发展中发挥更大的作用。创建供销合作社的品牌宣传平台,如建立官方网站、社交媒体账号等,展示合作社的发展成果、产品特色和服务优势。通过在线平台发布宣传信息、新闻报道、成功案例等,提升品牌知名度和形象。制订全面的宣传计划,确定宣传目标、重点内容和宣传渠道。包括参加行业展览、举办宣传活动、发放宣传资料、发布新闻稿件等,多渠道、多形式地进行宣传推广。与媒体建立紧密的合作关系,包括与报纸、电视台、广播等传统媒体进行合作报道,与新媒体平台、行业网站进行合作宣传。通过媒体的力量,扩大宣传覆盖面和影响力。制作和发布优质的宣传内容,包括宣传片、宣传画册、专题报道、客户推荐信等。内容要生动有趣、富有情感,突出供销合作社的特点和优势,吸引目标受众的关注和认同。重视口碑营销,培养供销合作社的口碑影响力。通过提供优质产品和服务,让客户满意并口口相传，扩大合作社的良好口碑。同时，及时回应客户反馈和投诉，建立良好的客户关系。积极参与社区活动和公益事业，展示供销合作社的社会责任和贡献。通过举办农业知识讲座、农产品展销会、农民培训等活动，加强与农民和社区居民的互动与交流。邀请知名人士、专家学者、农业领域的权威人士等作为供销合作社的品牌代言人，提升合作社的知名度和权威性。代言人可以通过演讲、参与活动、撰写专文等方式，为合作社的宣传推广增加声望和影响力。与相关行业协会、商会、农业科研机构等建立合作伙伴关系。通过合作伙伴的渠道和资源，扩大宣传覆盖面和影响力，共同推广供销合作社的发展理念和成果。通过加大宣传和推广力度，供销合作社能够提高知名度、增强公众认知，吸引更多的客户和合作伙伴，促进供销合作社的发展和壮大。

数据相关网站：

1. 中华全国供销合作总社网站 www.chinacoop. gov. cn

2. 国家统计局第三次全国农业普查主要数据公报（第1号）—国家统计局（www. stats. gov. cn）

第三部分　中国农村信用社发展研究报告

我国实现乡村振兴、全面现代化和共同富裕，农村是短板。金融是经济的"血脉"，农村社会经济发展离不开金融的支持。作为农村金融市场的重要力量，农村信用社改革、发展的成败，对我国"三农"问题的解决、农业农村现代化，以及全面推进乡村振兴、共同富裕目标的实现，具有重要的影响。

一、农村信用社合作制的曲折历程

中华人民共和国成立后，为尽快把农民和农村经济引向社会主义道路，中央政府在农村推行合作化运动。1951年第一家农村信用合作社成立后，农村信用合作化运动发展迅速，1953年底，全国合作金融组织达到20067个，成为农村金融的主力军，对打击农村高利贷，改造小农经济作出重要贡献。然而，由于管理经验等方面的不足，农村信用合作社发展历经磨难，其管理主体从专业银行到央行，再到地方政府，其组织性质由合作制转变为商业化。历经70多年风雨，农村信用社至今依然是农村地区的重要金融机构，其发展历程见表3—1。

表3—1　农村信用合作社发展历史沿革

时间	主要事件	按产权和经营制度划分的发展阶段	
1951.3	农村信用社正式成立	创立阶段	创立发展阶段
1956	全国97%以上的乡都建立了信用合作社		

续表

时间	主要事件	按产权和经营制度划分的发展阶段	
1958	将农信社下放给人民公社管理	探索阶段——"几放几收"	创立发展阶段
1959	收回了下放给人民公社的管理权，下放给生产大队		
1962	农信社领导权从生产大队收回，由中国人民银行进行垂直领导	"官办化"阶段	
1977	将农信社定义为国家银行在农村的基层机构		
1979	将农信社划归农行代管		
1984	农信社入股组建县联社		
1996	农信社与农行正式脱钩	"民办化"试点阶段	市场化阶段
2000.7	江苏省信用社改革试点，挂牌成立了我国首批试点农商行		
2003.6	八省市对农信社进行市场化改革试点	县联社阶段	
2003	县联社和乡镇信用社的两级法人改组成县级统一法人社，同时出资成立省联社，对农信社进行管理		
2003.8	提出了农商行、农合行、省联社成为农信社改革的三种主要模式，同时重点鼓励农信社改制成股份制银行		
2004.8	农信社改革试点扩大到29个省		
2005.8	上海农商行成立（第一家省级农商行）		
2007.8	全国省联社建立完成		
2010	中国银监会提出，现有农村合作银行要全部改制为农村商业银行，鼓励农信社改制农商行	农商行阶段	
2010.12	重庆农商行赴港成功上市		
2012	省联社改革开始		
2016	江阴、常熟、吴江、无锡农商行陆续在A股上市		
2022.12	共13家农商行上市，其中10家在A股上市，2家在H股上市，1家在A+H股上市		

二、县级农村信用社改革进展

（一）县级农信社改革背景及政策

1. 改革背景

20 世纪 90 年代，国有专业银行在商业化改革后纷纷撤回县域分支机构，农信社成为服务"三农"的主力军，但因历史包袱沉重，经营机制和内控制度不健全等方面，大部分农信社已资不抵债。2002 年，全国农信社不良贷款余额 5147 亿元，不良率为 36.93%，历年亏损挂账 1308 亿元，资本充足率为 −8.45%，基本生存难以维持，改革势在必行。

2. 央行多元化改革方案

2000 年 8 月，由中国人民银行批准，江苏省率先开展了农信社改革试点工作。2003 年，国务院印发《深化农村信用社改革试点方案》，将改革试点逐步扩大到吉林、山东、江西、浙江、江苏、陕西、贵州、重庆等八省（直辖市），要求"把信用社逐步办成由农民、农村工商户和各类经济组织入股，为农民、农业和农村经济发展服务的社区性地方金融机构"。明确农村信用社可自主选择股份制①、股份合作制②、合作制③三种产权制度和农村商业银行④、农村合作银

---

①　股份制以追求利润最大化为目标，不按人数投票，而实行按股投票的表决方式，股份制银行的设立要按照《公司法》的有关规定执行。我国农村信用社产权问题一直是一个模糊、不规范和难以解决的问题，通过对农村信用社进行股份制改造，可以明晰产权关系，解决所有者缺位问题，避免经营中的非市场化行为。

②　股份合作制兼顾了股份制与合作制的特点，既可以按照股份制要求，进行市场化经营，追求利润最大化，也可以充分考虑成员的利益，为农村信用社的成员优先提供金融服务。但是从操作层面看，股份制与合作制本身就是两种不同的产权制度模式，将两种制度结合后，市场化经营方向与非市场化的服务需求便成为难以调和的矛盾和问题，所以股份合作制具有天然的内部不稳定性，在操作中存在一定的问题隐患。

③　合作制不追求利润最大化，以服务最大化为目标，管理上充分体现民主性，实行一人一票的表决方式，合作制银行主要是通过自然人、企业法人共同出资，按照相关合同约定发起设立，合作社成员可获得优于其他客户的服务。合作制充分考虑了成员的基本权益，但在一定程度上影响了农村信用社的生存与发展，不以营利为目的的经营活动违背了市场经济规律，不利于农村信用社的持续健康发展。

④　农村商业银行是指在农村信用社资本规模、法人治理结构等条件完全达到《商业银行法》规定的最低要求，而将其改组、联合成主要服务于农村社区的统一法人机构银行。属于"高度集中统一的经营管理的企业法人"形式。

行①、县（市）统一法人和县、乡两级法人农村信用社四种组织形式。自此，农村信用合作社的官方名称中去掉了"合作"二字，意味着这次改革，国家不再按照合作金融原则重新规范发展农村信用社，标志着农村信用合作社性质的改变。2004年6月，国务院再次下发通知，决定进一步扩展试点范围至除海南和西藏外的21个省（自治区、直辖市）。

2003年启动的新一轮农信社改革配套了"花钱买机制"的资金扶持方案：农信社历年亏损和资产损失由中央和地方共同分担。国家综合运用财政、税收、资金支持政策，帮助农村信用社消化历史包袱，不惜重金花钱买机制。央行出资1687亿元票据资金，用于置换农信社不良资产和历史亏损挂账，国家财政对1994—1997年保值贴补息予以返还补贴，西部地区试点社的企业所得税暂免，其他地区减半征收，允许农村信用社在基准利率的0.9～2.3倍范围内对贷款利率进行调整。

3. 中国银监会商业化改革方案

由于实践中采取合作制、股份合作制产权制度的农村信用社，事实上已经偏离了合作金融的目标而趋于商业化经营。2011年，中国银监会提出了将全国农村信用社逐步改制为农村商业银行的目标，明确其性质从合作制改为商业性，但其服务"三农"的定位，农村金融主力军的地位没有改变。2014年，中国银监会发布《关于鼓励和引导民间资本参与农村信用社产权改革工作的通知》，引导民间资本对农村信用社实施并购重组。在这些政策推动下，各地通过股份制将农信社改制为农商行。

4. 改革指导原则演变

县域法人数量稳定原则。2006年，时任央行行长助理易纲正式提出"保持县域法人地位总体稳定"的改革原则，该原则在2008年首次写入中央一号文件，2018年又升级为"保持县域法人地位和数量总体稳定"，该原则在中央一号文件、全国金融工作会议等重要文件、会议中被频频提及，成为农信社改革的"首要原则"。

---

① 农村合作银行是指在农村信用社资本规模、法人治理结构等条件基本或不完全达到《商业银行法》规定的最低要求，而将其改组、联合成主要服务于农村社区的带有合作性质的股份制银行。属于"相对集中经营管理的企业法人"形式。

商业可持续原则。2022年1月4日,《中共中央 国务院关于做好2022年全面推进乡村振兴重点工作的意见》提出"加快农村信用社改革,完善省(自治区)农村信用社联合社治理机制,稳妥化解风险"。为深入贯彻中央经济工作会议、中央农村工作会议精神,认真落实《中共中央 国务院关于做好2022年全面推进乡村振兴重点工作的意见》工作部署,2022年3月30日,中国人民银行印发《关于做好2022年金融支持全面推进乡村振兴重点工作的意见》,针对农信社改革化险,文件提出"保持商业可持续的县域法人地位长期总体稳定"。至此,"县域法人数量稳定"这条农信社改革坚守了16年的重大原则,首次出现重要变化。"数量稳定"不再提及,"保持商业可持续"成了重要的前提条件。

化解风险原则。2023年1月2日,《中共中央 国务院关于做好2023年全面推进乡村振兴重点工作的意见》即2023年中央一号文件提出加快农村信用社改革化险,2023年1月13日,银保监会召开2023年工作会议,明确要求加快推动中小银行改革化险,积极稳妥推进城商行、农信社风险化解。2023年4月6日,中国银保监会发布《关于银行业保险业做好2023年全面推进乡村振兴重点工作的通知》,提出强化农村金融服务能力建设,健全农村金融服务体系。加快农村信用社改革化险,推动村镇银行结构性重组,农村中小银行机构要专注贷款主业、专注服务当地、专注支农支小。以上文件表明,化解风险是当前农信社改革主要原则。

中央政府和金融监管部门根据农信社改革中出现的问题做出的改革指导原则和政策调整,为农信社改革指明方向,对农信社实现商业可持续和服务"三农"等目标具有重要意义。

(二)县级农信社改革进展

1.产权改革进展迅速

截至2022年12月末,全国34个省、自治区、直辖市、特区中,西藏没有农村信用社,港、澳、台没有数据,北京、上海、天津、重庆4个直辖市农信社全部转为农商行,其余26省、自治区中,江苏、安徽、江西、湖北、湖南、广东、青海、宁夏等8省、自治区的县级农信社已经全部转为农商行,其余18省、自治区正加快推进县级农信联社改革(其中浙江、山东各1家县联社尚存）（见图 3—1）。

农村信用合作社改制而来的农村合作金融机构法人数量达 2177 家，其中，农村商业银行 1606 家，农村合作银行 23 家，农村信用社 548 家（包括 24 家省联社，1 家省级结算中心，14 家地市级联社，509 家县级联社）[①]，农合机构法人数量在全国银行业金融机构中占比 47.7%。在服务"三农"、实现农村共同富裕、乡村振兴、普惠金融、区域协调发展等重大战略的实施中发挥重要作用。

从县级机构法人数量看，农村信用社县级法人机构数量从改革初的 2004 年 32869 家，下降到了 2022 年末的 548 家，降幅达到 98%（见图 3—2）。农村商业银行法人机构数量从 2004 年的 7 家，增加到了 2022 年末的 1606 家，增长幅度超过 228 倍。2004 年末农村合作银行法人机构数量是 12 家，2022 年底为 23 家（见图 3—3）。总体上看，我国的农信社县级法人机构数量骤减，农村商业银行法人机构数量剧增，说明经过二十年的改革，清理、整顿、关闭、合并、转制了不少农信社和农合行，使其法人机构总数大幅下降；也说明农信社系统在产权制度和组织形式上"去合作化"、向"商业化"转型趋势已经形成。

尚未达到《商业银行法》规定的最低要求农信社，随着产权改革的推进，其组织结构逐步建立健全，"三会"组织架构确立，法人治理能力得以改善。

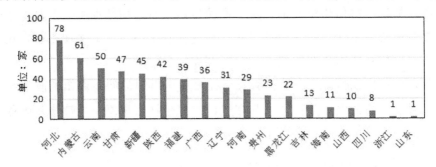

图 3—1　截至 2022 年 12 月末 18 省、自治区农村信用社、农村合作银行的市、

区县级法人机构数量

数据来源：据中国银保监会网站发布的数据整理。

---

①　中国银保监会 2023 年 3 月 21 日发布：银行业金融机构法人名单（截至 2022 年 12 月末）http://www.cbirc.gov.cn/branch/view/pages/common/ItemDetail.html? docId=1100762&itemId=863 注释：据 2023 年 3 月发布的《党和国家机构改革方案》，2023 年 5 月 18 日，中国银保监会官网更名为"国家金融监督管理总局"。

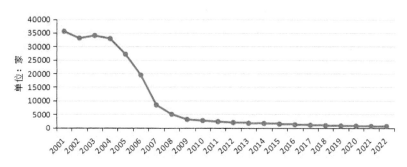

图 3－2　2001—2022 年农村信用社县域法人机构数量变化

数据来源：中国银保监会网站，中国人民银行货币政策司，中国金融年鉴，中国银监会年报。

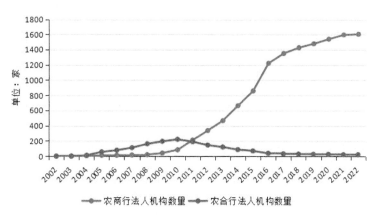

图 3－3　2002—2022 年农村合作银行和农村商业银行法人机构数量变化

数据来源：中国银保监会网站，中国人民银行货币政策司，中国金融年鉴，中国银监会年报。

2. 可持续发展能力显著提升

农信社的不良贷款率显著降低：我国农村信用社改革之前，不良贷款率很高，2002 年，其不良贷款率高达 36.9％。经过 2003 年开始的农信社改革，其不良贷款率迅速下降（见图 3－4）。到 2022 年末，农信社的不良贷款率大幅下降 30 多个百分点，农商行不良贷款率为 3.22％，较改革初期降幅明显。农信社不良贷款率的下降表明了我国农信社的经营管理水平逐步提高，可持续发展能力进一步增强，资金实力显著增强，支农服务实力明显提高。但与同期农商行和整个商业银行不良贷款率相比，农信社不良贷款率依然偏高，说明农信社经营管理能力还有一定的提高空间。

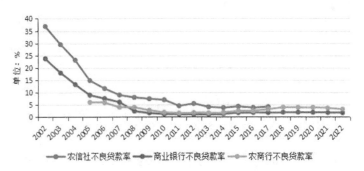

图 3－4　2002—2022 **年农信社、农商行和商业银行不良贷款率**

数据来源：中国银保监会、中国人民银行 2002—2022 年各年第四季度中国货币政策执行报告。

　　农信社资本充足率明显提高：资本充足率是保证银行等金融机构正常运营和发展所必需的资本比率，是衡量一个金融企业资本实力的综合指标，也是衡量该金融机构的风险抵御能力及实行风险管理的核心所在。2003 年改革以前，农信社的资本充足率连续多年为负值，2003 年农信社改革以来，其资本充足率逐步由负值转变为正值（见图 3－5），较改革前大有提升，较高的资本充足率一方面反映了农信社管理体制的改善，管理能力的提高，资金使用效率显著提升，可持续发展能力的增强；另一方面也反映了农信社的经营稳健的程度逐步提高，增强了对存款人和债权人的资产保障能力。但是，与商业银行资本充足率相比，农信社的资本充足率较低，说明其经营的稳健程度低于商业银行。

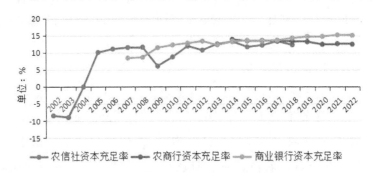

图 3－5　2002—2022 **年农信社、农商行、商业银行资本充足率**

数据来源：中国金融年鉴，中国银保监会。

（三）县级农信联社改革存在的问题

改革后的农村信用社在产权改革、服务"三农"、可持续发展能力等方面都显著提高，农村信用社按照现代金融企业制度的要求，逐步完善"三会"议事规则，初步形成了决策、执行、监督相互制衡的法人治理体系。然而实际运行中还存在很多问题：产权制度改革缺乏实际内容，没有实质改变；法人治理结构未发生根本变化，内部人控制依然严重；一些改革的成效是表面性的，缺乏实际价值。

1. 产权与治理问题

省级联社与县级联社的产权与治理关系：2003 年改革试点方案中将农村信用社交给地方政府管理，省级政府不直接管理农村信用社，而是委托给省级联社代为行使经营管理职能，省联社由县联社共同出资组成，理应由县联社（出资人）决定省联社的重大事项，但是按照改革文件要求，省级政府依然要对农村信用社各项活动负管理责任，对辖内农村信用社经营风险和潜在风险也要承担无限连带责任。这一方面使得农村信用社希望地方政府对一切不良贷款负责，道德风险由此产生。另一方面大多数省政府沿袭以往自上而下的制度供给路径，通过省联社强化了对农信社的管控，不同程度地掌握了辖区农村信用社高级管理人员的人事权；基层政府部门也有机会参与地区农村金融资源配置，干预农村信用社自主经营。造成省级联社和县级行社之间"股权与控制权的反向配置"关系，这与市场经济条件下股权与控制权的配置状态是不一致的。农信社在省联社领导下，缺乏独立的高管任命权利，因此由高管制定的经营策略中体现出明显的地方政府意志，非市场化经营风险凸显。

县级联社内部产权与治理关系：按照合作制原则，农信社的成员大会是成员行使民主管理权利的场所，也是"三会"中的最高权力机构。然而，农信社作为合作金融组织，由成员出资入股组成，股东数量众多，股权结构分散，成员（股东）大会对理事会和管理人员的控制很弱，成员大会依然形同虚设，职责难以有效发挥，是当前农村信用社中最无责无权的机构，股东参与意愿低，控制权缺失。理事会容易被内部人控制，监事会大多流于形式，农村信用社法人治理结构难以有效运行，"三会"治理结构依然"形似而神不似"。

2. 风险控制问题

农村信用社改革后，虽然其不良贷款率大幅下降，盈利能力显著提高，可持续发展能力显著增强，由于业务运营的体制机制、周期性和结构性等，同时受限于自身规模小、服务区域和主体范围小，农村信用社面临的风险与商业银行相比依然较大。

从央行发布的金融机构评级看：2019年、2020年、2021年和2022年第四季金融机构评级①可知：8～D级的高风险金融机构主要集中在农村中小金融机构。农合机构（农商行、农信社、农合行）风险最高，2019年高风险机构资产占本类型机构总资产分别为3.05%、1.83%、0.14%；2020年资产占本类型机构的8%；2021年资产占本类型机构的5%。2022年高风险资产规模占参评机构的0.78%。这些数据表明改革后的农信社和农商行、农合行资产风险依然很大，可持续发展能力还有待提高。

从中央和地方审计部门审计结果看：2018年发布的审计报告表明，部分农信社不良率偏高、违规输血房地产及城投、股权质押比例超过监管规定上限、违规核销不良贷款等。

河北省、海南省、四川省、陕西省、吉林省等省审计厅在审计报告中指出，这些省农村信用机构存在拨备覆盖率达标率较低，缺少反映不良贷款和不良贷款率超过5%的监管指标，经营行为存在潜在风险，将资金投向房地产、政府融资平台公司、"两高一剩"等限制性行业和领域等问题。

2018年12月，审计署公布的《2018年第三季度国家重大政策措施落实情况跟踪审计结果》指出：安徽省、黑龙江省、江西省、吉林省和四川省的个别金融机构通过人为调整资产评级等方式掩盖不良贷款13.39亿元。

农信社是地方性金融机构，使得农信社不能跨地域分散风险，受制于当地经济发展状况和产业结构。2020年以来受疫情等因素影响，经济整体下滑，一些地区县域经济增速放缓，区域内产能过剩；农信社主要服务对象是"三农"，农民是弱势群体，农业是弱质产业，农村金融生态环境较差，包括农村

---

① 央行评级每季度开展一次。评级等级划分为11级，分别为1～10级和D级，级别数值越大，表示机构风险越高，D级表示机构已倒闭、被接管或撤销，评级结果为8～10级和D级的机构被列为高风险机构。

较为落后的信用信息环境，农民较低的金融意识和风险意识等；农信社法人规模比较小，历史负担比较重，抗风险能力差，经营比较粗放，贷款机制不健全。以上因素导致农信社金融风险偏高，风险控制能力偏弱。因此，需要通过进一步推进农信社改革，逐渐化解其面临的风险，避免其风险扩散蔓延为区域性、系统性金融风险。

3. 支农与发展问题

"三农"资金需求特点是投资规模较小、成本较高、盈利能力较差、资金回收周期较长，商业银行为"三农"提供金融支持的动力不足。因此，农村信用社等农村金融机构在政策引导下，承担起支持农业发展的政策性任务，而农信社在转化为商业银行目标驱动下，其盈利动机更强。在监管要求上，与其他商业银行具有相同的盈利性、流动性和安全性标准，只在程度上有差异，这三性是自主经营的保证，用以谋求经济利益。

支农重任是国家制度性强加给农信社，并对支农业务作了比较具体的规定。农信社由此具有政策性业务和商业性业务交叉的特殊属性。在这种双重属性下，在现有条件下，农信社既要避免风险，又要支持农村经济和县域经济发展，在现行制度安排下是一个两难问题，难以实现市场化的商业运营，导致其成本收益不匹配，信贷风险防控机制难以落实，影响了农村信用社股本的募集和股权调节，即使在商业化改制中仍缺乏有效的市场化竞争能力，经营能力与承担责任不相称的矛盾凸显，造成农信社信贷支农政策目标和可持续发展效益目标的冲突。由于政府对农信社支农无法提供足够的保障和补偿，结果政策性支农往往损伤了农信社的经济利益，农信社产生逃避或转嫁支农风险的自保动机，损害了支农的成效。

4. 市场竞争问题

农村金融机构准入门槛降低：2006年中央决策部门降低了农村金融机构准入门槛，批准设立新型农村金融机构。截至2022年12月末，新型农村金融机构中，村镇银行1645家，贷款公司5家，民营银行19家，农村资金互助社38家，[①] 一些农民专业合作社也办起了金融互助业务，国家鼓励大型金融机构

---

① 数据来源：2023年3月21日，中国银保监会网站发布银行业金融机构法人名单（截至2022年12月末）。

业务下沉，开放式竞争格局的农村金融市场初步确立。

金融科技快速变化：2013年以来，随着计算机应用技术和移动通信技术的不断发展，互联网金融异军突起，在快速蚕食传统金融的市场。2023年3月，中国互联网络信息中心（CNNIC）发布的报告显示：截至2022年12月，我国农村网民规模为3.08亿人，较2021年12月增长2371万人，占网民整体的28.9%。[①] 从农村地区的支付交易笔数看，银行业金融机构和第三方支付机构的网络支付业务都呈现快速增长态势，其中，互联网支付、移动支付已经成为农村支付服务的主力军。2021年，银行业金融机构共处理农村地区网上支付业务111.3亿笔，移动支付业务173.7亿笔，同比增长22.2%；非银行支付机构共处理农村地区网络支付业务5765.6亿笔，同比增长23.45%。截至2022年6月，我国农村地区网络支付用户达到2.27亿人，占农村网民的77.5%。[②]

随着农村互联网的普及，农村网民人数的增长，互联网金融对农村信用社在资金、客户、业务、利润等各领域的分流和蚕食效应将逐步显现。农信机构观念、技术、人才等存在短板，部分农信社难以适应。

> **◉案例分析：**
> ### 从网格化"扎根"到平台化"上云"
> #### ——安徽农信引领安徽农商行的"数字化"转型之道
> 技术的飞速发展深刻改变了人们的生活习惯，一场疫情改变了全球经济形势，也使银行服务形态产生了巨大变革。如何打好数字化转型攻坚战，已成为各家商业银行共同面对的重要课题。
>
> 作为83家农村商业银行的引领者，安徽省农村信用社联合社聚焦数字经济时代下中小银行面临的挑战和机遇，以及疫情给银行带来的改变，紧抓数字化变革主线，加速金融与科技的深度融合，以开放的姿态"跨界"合作，广开渠道挖掘技术人才，进行全面的数字化转型。

---

① 数据来源：2023年3月，互联网络信息中心（CNNIC）发布第51次《中国互联网络发展报告》。
② 数据来源：2022年8月，互联网络信息中心（CNNIC）发布第50次《中国互联网络发展报告》。

一、数字化转型是安徽农信发展的必由之路

党的十八大以来，中国进入经济发展的"新常态"。新常态之下，受经济放缓、金融脱媒、利率市场化等多重因素的冲击，商业银行面临着负债成本上升、经营包袱加重、经营绩效降低、不良资产反弹等问题和挑战，业务增速显著下降，盈利增长开始放缓，尤其是各银行纷纷开始布局和抢占农村金融市场，农商银行（农信社）网点多、分布广、地缘关系密切的优势在逐步削弱，市场竞争压力明显加大，这是外部环境给安徽农商银行带来的挑战。

随着数字技术的不断演进，大型商业银行数字化转型也逐渐走向深入。而农商银行系统长期深耕于本地金融，受限于当地区县经济发展、服务对象的数字化、智能化设备普及程度等，开放程度和数据规模远不及国有大型与全国性股份制银行，这是内部环境给农商银行带来的挑战。

正是这些挑战，让农商行更坚定了数字化转型的决心。农商行坚持服务"三农"、服务社区、服务县域、服务中小企业的宗旨，充分发挥农商行线下人缘地缘优势，坚持线上线下融合发展，开启数字化战略转型。

二、安徽农信数字化转型措施

一是搭建了平台，夯实了数字化转型基础。2018年上线了大数据平台，在充分挖掘内部金融数据的基础上，通过引入外部数据进一步丰富数据维度和覆盖面，为数据采集、数据加工、数据服务奠定了平台基础。同时，还大力推进大数据在产品设计、精准营销、风险防控及农商银行的个性化需求等方面的创新应用，为数字化转型奠定了良好的基础。

二是完善了机制，强化了数字化转型保障。全面的数字化转型，不只是新金融科技在金融业务上的应用，更重要的还是体制和机制的变革。近年来，各大银行开始探索成立金融科技公司，安徽省联社受牌照、机制、体制等因素制约，难以在市场化、公司化等方面取得突破，但在组织、人才等方面倾注了大量心血，为数字化转型提供了强大保障。具体包括：

1. 构建与数字化业务相匹配的数字化组织和管理方式

为了进一步顺应当前数字化发展趋势，安徽农信把金融科技发展和数字化转型放到更加重要的位置，在理事会下设金融科技委员会，负责全系统金融科技发展方向和重点规划，统筹前沿金融科技的研究，协调推进重大金融科技项目和工作的落地。同时，加快推动部门架构优化步伐，目前电子银行业务已实现了从单纯的渠道到平台到生态的转变，服务内容从结算类向生活类、数字类、资产类等方面渗透。

组织架构应该适应未来发展的需要，而不是按部就班，一成不变的。这对敏捷化组织提出最基本的要求：实现经营降本增效，对新兴业务快速反应。因此，在组织架构调整上，明确了部门职责边界，承担和负责个人、社区及小微企业的"创新引领、数字驱动、运维服务、业务推动"等职责；下一步将逐步探索按照大部门、事业部制、公司化的改革方向，把电子银行部建立成一个架构清晰、协调有力、运转高效的部门机构。

2. 组建金融科技人才队伍

金融科技的发展，离不开科技人才的支撑。随着近几年大数据、人工智能等技术的发展，BATJ等公司依托科技优势，开始参与传统上属于银行的金融业务，开展了一系列借贷、理财、支付、保险、众筹、征信等传统业务。金融科技倒逼传统金融机构改革，特别是对区域性中小银行来说，金融科技能否持续良好发展，关键在于能否建立一支高素质的科技金融人才队伍。

在当前金融科技快速发展形势下，金融科技从业人员需要有多向思维的综合能力，需要用跨界的眼光、跨界的思维和跨界的方法。特别是当前金融科技产品创新层出不穷、技术创新日新月异，这要求银行改变传统的人才培养思维，那就必须在"造血、输血、活血"方面下功夫，锻炼和培养一批真正在金融业务知识、网络信息技术、市场营销技能、风险管理水平等方面知识复合、技能交叉的复合型、高素质金融科技人才。

安徽农信注重推荐优秀骨干去农商银行挂职锻炼，参与重点项目建设，到先进银行、国内高校学习深造，参加多层级培训等，让现有人员的潜能得到最大发挥，通过系统性的培养，其中部分人员已成为金融科技重要项目的负责人或重要参与者，这是"造血"。

制定了引进人才标准，建立了人才引进常态化机制，面向国内同业、互联网等行业招才引智，不断补充新鲜血液，努力形成优秀人才脱颖而出和持续流入的良好局面。近年来，安徽农信从国有银行、股份制银行、银联、大型互联网公司等外部机构陆续引进数十名高端专业人才，这是"输血"。

充分调动员工的积极性、主动性，最重要的就是破除体制机制障碍，建立使各方面人才各得其所、尽展其长的长效机制，才能留住人才，激发组织活力。在推动晋升和激励机制的优化改革，力争为金融科技人才的发展和成长创造更大的空间，努力形成优秀人才脱颖而出的良好局面，充分调动各个岗位人员的工作积极性和工作热情，这就是"活血"。

三、重视与金融科技企业之间合作

区域性银行与金融科技企业的合作是二者在资源配置、资源利用等方面的一次重要尝试，它打破了曾经行业间、企业间"老死不相往来"的壁垒。近几年来，双方合作的成功案例比比皆是，说明了这种互利共赢、优势互补的合作模式是大势所趋。只有紧跟监管政策的导向，保证业务风险可控才能真正地实现技术创新、服务开放。因此，合作伙伴对银行风险防控水平提升能力是重中之重。

从业务操作层面来讲，安徽农信线上贷款产品"金农信e贷"，从申请到放款需要经过多数据源的交叉验证，合作伙伴的"生物识别"技术是否成熟，可疑交易是否能够记录、欺诈行为是否能够辨别就是对其技术能力评价的关注点；从业务管理层面来讲，合作伙伴是否拥有信息重组、科技输出、策略设计等能力，帮助银行降低信息不对称，提升业务处理准确性，更是一个金融科技企业应该具备的"硬核"能力。

四、积极布局"新基建"

疫情过后，新型基础设施建设已经上升为国家战略，并将成为驱动经济和社会发展的重要引擎。安徽农信为"新基建"积极规划和布局。

安徽农信着重推动信息化建设，以新产品、新服务为广大客户提供多元化服务为出发点，以不断提高金融服务的覆盖率、可得性和满意度为落脚点，以运用大数据、云计算、人工智能等新技术作为实现手段，将"新基建"真正落到实处。

用产品和服务说话，"金农云数"平台在加强与安徽省数字资源局、地方政府、外部专业机构的合作，引入政务或外部数据，进一步丰富数据平台的数据维度和覆盖面的同时，还发挥了自身本土优势，结合乡风文明和信用村建设，通过"扫村扫户"的网格化手段，线下采集了更多更详尽的非标准化客户信息数据，持续丰富数据指标和标签体系，并推出安徽农金"信用分"产品，打造出了极具安徽农金特色的信用体系。基于"金农云数"大数据平台支撑的"金农云智"营销管理平台，可以实现包括客户画像展示、客户群体分层、营销活动配置、营销结果评价、营销渠道和营销方式管理等功能；运用商业智能技术，搭建"金农云享"平台，通过对行内金融数据的深入分析、整合和挖掘，构建多维度的经营、考核指标体系，具有集交易数据展现、经营数据分析、考核评价管理、业务异常预警等功能于一体的决策支持系统。

这些只是安徽农信"新基建"布局一个缩影，但是由小见大，每个细节都是组成"新基建"目标的基础，未来安徽农信仍将不断前行，用实实在在的产品和服务扮演好"建设者"的角色。

五、推动普惠金融服务升级

普惠金融作为推进乡村振兴的重要路径之一，目前还存在很多困难和问题，安徽农信积极推动普惠金融服务升级，打通普惠金融服务"最后一公里"。

近年来，安徽省联社认真贯彻落实党的十九大精神，扎实推进乡村振兴战略，对安徽农商银行系统服务乡村振兴做出阶段性部署，明确了十大举措和五大目标。

普惠金融服务升级措施和打通普惠金融服务"最后一公里"其实是相辅相成的，普惠金融服务升级的终极目标就是要完成这"最后一公里"，而"最后一公里"就势必需要推动普惠金融服务升级，这也是安徽农信正在做的。

一是坚持走数字普惠金融发展路径。特别是新冠疫情使得数字化、线上化金融服务能力和优势进一步凸显，坚定走数字普惠金融发展道路是农商行的成功之路、必由之路。为此，安徽省联社《2020年理事会工作报告》提出了向"四个银行"（线上银行、数字银行、智慧银行、普惠银行）转型的目标，制定了"3325"的数字普惠金融发展工作思路，持续、坚定推动数字普惠金融发展。

二是加强了数字普惠金融产品创新。把手机银行作为便民、惠民服务的重要载体，并持续完善这一线上服务渠道，目前可为居民提供转账、查询、贷款、信用卡、缴费、购物、电子证件等7大类47项在线服务，且所有服务均免费，真正做到安全、快捷、惠民。截至2020年9月，安徽农信全省手机银行客户已突破1254.6万户，基本实现了"户户通"。"金农信e付"聚合扫码支付产品，实现了一码多用，既可实现客户通过不同支付工具完成扫码支付，又支持商户完成多渠道的收单业务，实现其资金的统一归集和清算。

为给农村地区行业类MIS商户、中小微商户提供更优质的收单结算服务，安徽农信建设了"云收单"平台，方便农村地区用户缴纳水费、电费、学费等费用。目前，各类收单商户近140万户，基本上涵盖了全省衣食住行文教娱各个行业，遍布全省城乡的各个角落。

乡村振兴带来的政策机遇前所未有，金融科技为做好数字普惠金融提供了更大可能，未来安徽农信将继续发挥好农村金融主力军作用，不断拓展普惠金融服务的广度与深度，持续支持乡村振兴发展。

——资料来源：据《中国电子银行网》相关资料整理

三、省联社改革进展

在上一轮改革中，随着农信社产权改革的不断推进，农信合机构已经极大提高了经营能力，但随着自身的发展以及外部环境的变化，农信合机构风险问题凸显，省联社管理体制弊端越发突出。农村信用社改革进程由此进入第二阶段，省联社改革成为重点。

（一）省联社的由来

2003年6月，国务院正式出台《深化农村信用社改革试点方案》（国法〔2003〕15号），提出深化农村信用社改革要重点解决好信用社产权制度和管理体制问题，将信用社的管理交由地方政府负责。其中，管理体制可选模式包括省级联社①、信用社协会②、地方金融办③和地方金融监管办④等多种模式。明确了"试点地区可本着精简、高效的原则，简化管理层次，结合当地实际情况，成立省级联社或其他形式的省级管理机构，在省级人民政府领导下，具体承担对辖内信用社的管理、指导、协调和服务职能"，也就是主要推荐省级联社模式。

省级联社模式使得地方政府拥有更大的主动权，对其积极推动农信社改革，化解农信社风险具有激励作用；农村合作银行和农村商业银行的成立条件

---

① 省级联社是指在各县级农村信用社为独立一级法人的情况下，由各县级农村信用社向上持股而成立的法人机构，其在省级人民政府领导下，具体承担对辖内信用社的管理、指导、协调和服务职能。属于"集中经营管理的企业法人＋分散经营的企业法人"形式。

② 信用社协会主要是指在各信用社均为独立法人的情况下，由信用社自愿组成具有民间或半官方性质的，维护信用社合法权益的行业服务机构。协会不具有经营管理或监管等职能，而只有服务、协调和指导等职能。属于"相对松散的行业自律组织＋分散的企业法人"形式。

③ 地方金融办模式是将若干个具有独立法人资格的信用社置于独立或挂靠于经济综合管理部门的地方金融办下，省级政府对其辖内信用社行使管理、指导、协调和服务等行政职能，而无经营职能，对辖内信用社承担直接责任。属于"相对分散管理的行政部门＋分散的企业法人"形式。

④ 地方金融监管办模式是指成立一个将所有地方性金融机构包括农信社纳入地方政府监管的部门，其标准和机构准入由中央金融监管部门掌控，而地方金融机构风险及损失由地方政府监管及承担。在这种模式下，省级政府对其辖内信用社行使管理、指导、协调和服务等职能，而无经营职能，对辖内信用社要承担更直接和完全的责任。属于"集中监管的行政部门＋分散的企业法人"形式。

较高，多数农信社达不到要求；信用社协会属于民间半官方性质的自律性组织，难以有效地执行省级政府的各项政策措施，不利于集中信用社的人、财、物，不利于整个信用社改革的顺利推进；地方金融办属于省级政府行政职能部门，不利于省级人民政府遵循政企分开的原则；地方金融监管办模式则要将一些监管职能和权力从中央银行监管部门转移出来，短期内不利于风险控制。地方金融办和地方金融监管办没有资金运用权，不利于集中信用社的人、财、物，且地方政府要对信用社承担更直接的责任。省级联社模式既有利于省政府通过经济、行政等手段控制信用社，又可以避免直接而完全地承担信用社问题。

（二）省联社模式出现的问题

由于顶层设计的缺陷，省联社存在多重属性，既是省政府对农信社系统的行业管理机构，又是接受银监部门监管的金融企业，还是下级法人单位出资的股权式联合体，导致法理关系模糊，履职边界不清，政府强化监管责任与干预经营管理的矛盾。

从产权归属看，农村信用社、农商行是省联社的股东。根据现代公司治理制度，省联社应该接受其股东的管理，由农信社、农商行等股东组成的股东大会，选举产生董事会，通过董事会来任命省联社的高管。但现实中却是农信社、农商行要接受省联社的管理，股权关系与管理关系出现"倒挂"。省联社代表省政府管理农信社，下设了办事处（审计中心）。有的地方将辖内部分农村信用联社、办事处整合，组建了地市级农商行，一套班子两块牌子，既负责农商行的经营管理，又对农商行和其他信用联社进行监管，致使办事处（审计中心）出现了权责不清、管理越位、管理不到位的现象。省联社掌握着农信员工的录用权、干部的任命权处分权，在一定程度上控制了辖内农信社具体的经营管理活动。农商行是独立的企业法人，客观上要求自主经营、自主管理。农信社、农商行仍然由省联社统一管理，没有真正实现"谁出资，谁管理，出了问题谁负责"的现代公司治理模式。这种股权自下而上，管理自上而下的省联社自身结构设计，与其实际工作需要产生了不可调和的矛盾。随着越来越多的农村信用社改制为农村商业银行，以及部分农村商业银行上市，省联社与农商行、农信社之间的矛盾也在升级和深化。

省联社的权责不对等，也导致其高管职权滥用、权利寻租等问题频发，据全国各纪检监察网站披露的信息统计，仅2023年上半年，就有7个省联社18名高管因违纪违法被纪委监委纪律审查和监察调查。

省联社实行的管理方式行政色彩较浓，与现代公司治理理念背道而驰，因此，省联社改革的核心是理顺管理体制，在保持农村信用社具有可持续发展能力的县域法人数量总体稳定和坚持服务"三农"的前提下，选择适宜的管理模式。

（三）省联社改革政策演变

2012年7月，中国银监会出台了《关于规范农村信用社省（自治区）联合社法人治理的指导意见》，提出将省联社职能定为"对成员行的服务、指导、协调和行业管理"，改革焦点是如何实现"淡出行政管理职能，强化服务职能"及健全法人治理结构。

2016年3月十二届全国人大四次会议审查通过的"十三五"规划中关于农信社改革的表述"推进农村信用社改革，增强省级联社服务功能"。

2016—2018年连续三年的中央一号文件先后提出"开展省联社改革试点"，"抓紧研究制定省联社改革方案""推动农村信用社省联社改革"。

2019年1月29日，央行等五部委印发了《关于金融服务乡村振兴的指导意见》，提出要积极探索省联社的改革路径，理顺农信社的管理体制，并对基层农信社和省联社间的关系进行了明确的界定，强调了农信社独立的法人地位、经营的独立性，淡化省联社在人事、财务、业务等方面的行政管理职能，突出专业化服务功能。

2021年7月27日，银保监会召开全系统2021年中工作座谈会指出，要坚定不移推动金融供给侧结构性改革，围绕建立现代企业制度，"一省一策"探索农信社改革模式，提高省级管理机构的履职能力。

2022年2月，中共中央、国务院发布《关于做好2022年全面推进乡村振兴重点工作的意见》，即2022年中央一号文件，要求加快农村信用社改革，完善省（自治区）农村信用社联合社治理机制，稳妥化解风险。

2022年3月30日，中国人民银行印发《关于做好2022年金融支持全面推进乡村振兴重点工作的意见》，提出："各省、自治区农村信用社联合社要明确职能定位，落实'淡出行政管理'的要求，因地制宜做优做强行业服务功能。"

（四）省联社改革实践

因各省经济发展水平不一，农信体系的发展也存在较大差异，各省联社需根据实际情况，因地制宜选定具体改革路径，甚至多模式混合逐步推进。实践中，省联社改革模式主要有四种：联合银行、金融服务公司、金融持股公司、统一法人。截至 2023 年 6 月，宁夏回族自治区、陕西省、广东省、浙江省、湖北省、河南省、辽宁省、甘肃省、四川省、山西省、海南省等 11 省联社已经完成改革或已经确定改革目标，其他地区改革方案仍在探索中①。从目前明确改革路径的部分省份来看，各省对于组建联合银行②和统一法人的省级农商行③两种模式意愿较高。海南省、辽宁省、四川省明确组建统一法人的省级农商行，浙江省、河南省、甘肃省、山西省已经筹建或将筹建农商联合银行。各种改革模式的典型案例如下。

1. 宁夏黄河农商银行"金融持股公司"模式

作为"第一个吃螃蟹的人"，早在 2008 年 12 月，作为经国务院同意、银保监会确定的全国首家省级联社改革试点单位，黄河农商银行是在宁夏回族自治区原农村信用社联合社和银川市联社合并的基础上新设成立的股份制商业银行，形成了省级联社自上而下持股县级联社的改制模式，黄河农商银行成为全国首家由省级农村信用联社整体改制而成的银行。

改制后，黄河农村商业银行建立了"股东大会、董事会、监事会和经营层"独立架构的"三会一层"法人治理结构，落实了"决策层、执行层、监督层"相互制衡的管理模式。通过建章立制，进一步厘清各机构股东大会、董（理）事会、监事会、经营层职责，规范决策、经营、监督行为，形成董（理）事会主抓战略方向和决策、监事会有效发挥监督作用、经营层专注执行落实的

---

① 截至 2023 年 6 月末，全国 34 个省、自治区、直辖市、特区中，西藏没有农村信用社，港、澳、台没有数据，北京、上海、天津、重庆 4 个直辖市农信社全部转为农商行，其余 26 省、自治区中，11 省、自治区已经完成改革或已经明确改革目标，其余地区正加快推进省联社改革。

② 农商联合银行模式，是将省联社改制为独立法人的农商联合银行，通过注资控股参股省内的农信机构（河南模式），或者由省内农信机构入股（浙江模式），农商联合银行对省内农信机构进行出资人责任或者进行管理和服务。同时，省内的农信机构继续维持法人地位，开展独立经营。

③ 省级农商行模式，是通过吸收合并或者新设主体，组建省级农商银行，承接原来省内各农信社的全部资产、债权债务、业务和人员，原有的各农信机构法人主体注销，变为省级农商行的分支机构。

治理机制。黄河农商银行先后向区内 19 家县市联社（农商行）投资入股，平均持股 27.7％，成为各县市联社（农商行）的第一大股东。以投资人身份参与对投资机构的管理，实现了对全区农信机构的联营持股。同时，按照《公司法》的规定派出管理人员担任 19 家县市联社（农商行）的理（董）事，参与管理，在股东会上行使所持股份的表决权，享受股东的利益，承担股东的义务，由此形成了金融持股的"宁夏模式"。

改制之后的黄河农商银行，在党的领导、资本管理、行业管理等方面都进行了深层次变革：在党的领导方面，黄河农商银行党委对县市机构的党组织和主要负责人实行垂直领导、统一管理；在资本管理方面，黄河农商银行先后向辖区 19 家县市机构投资入股，以资本为纽带，选派管理人员担任县市机构董（理）事，传达审慎稳健经营理念，履行股东权利和义务；在行业管理方面，黄河农商银行承继原区联社管理、指导、服务、协调的部分职能，为县市联社（农商行）提供人员培训、科技服务、产品支持、资金调剂等，县市联社（农商行）按照市场化原则自主经营、自负盈亏、自我约束、自担风险。

目前，黄河农村商业银行股本总额 16 亿股，其中，法人股占比 71.01％；自然人股占比 28.99％。按出资性质分，国有股份占比 28.26％，民营股份占比 42.75％；自然人股份占比 28.99％。黄河农商银行系统现有法人机构 20 家，员工近 6000 人，营业网点 385 个，其中乡镇网点 207 个，在全区 2240 个行政村设立便民金融服务点 2317 个，全面消除村级金融服务空白点，是全区营业网点最多、分布最广、支农力度最大的地方金融机构。近年来，黄河农商银行系统按照自治区各项决策部署，立足地方、审慎经营，以遍布城乡的辐射网点、先进快速的网络系统和不断创新的服务意识，扎根"三农"，聚焦小微，服务县域，创新金融产品、提升服务水平，先后推出了黄河 e 贷、兴农 e 贷、黄河富农卡等信贷业务产品及网上银行、手机银行等电子银行产品，满足了不同层次客户的需求，使广大客户享受到了更加便捷、高效的金融服务。

2. 陕西秦农银行"银行控股集团"模式

陕西秦农农村商业银行股份有限公司（简称"秦农银行"）成立于 2015 年 5 月 28 日，是经中国银保监会批准，在西安市碑林区、新城区、莲湖区、雁塔区、未央区、灞桥区六家城区农村信用合作联社合并重组基础上，以新设合并方式，通过增资扩股、优化股权组建起的股份制农村商业银行。

秦农银行作为陕西省农信社的资源整合平台，以资本为纽带，按母子行制参股控股各县级农合机构，打造银行控股集团，实现了对全省农合机构的现代化改造，开创农村金融改革的"秦农模式"，其目标是以秦农银行为核心，实现陕西省农信社的集团化、现代化、品牌化发展。

自成立以来，秦农银行一直在探索与尝试中发展。2017年，秦农银行控股户县、周至、蓝田三家农商银行；2018年，吸收合并阎良区、临潼区、高陵区三家区联社。2022年2月，秦农银行吸收合并鄠邑农商银行（原户县农商银行）和西安市长安区农村信用合作联社。

《陕西省"十四五"金融业高质量发展规划》（以下简称《规划》）指出："支持秦农银行争取在全省布局，加快筹备上市，走特色化发展道路，打造全国一流农商行。""积极争取国家批准我省深化农村信用社改革试点，保持农村信用社农村金融主力军地位不动摇，保持县域法人地位总体稳定，支持有条件、有意愿的市（区）通过城区农商行、农信社合并等方式组建市级农商行。"

《规划》点名支持秦农银行加快筹备上市，打造全国一流农商行，其背后也意味着秦农银行的实力不容小觑。但"秦农模式"的可复制性在业内还有争议，它是否会成为未来农信社改革的重要路径之一，目前还难有定论。

秦农银行官网显示，自成立以来，该行积极探索契合农商银行发展规律的现代商业银行发展路径，先后并购重组西安市各区县农村信用合作联社，牵头成立丝绸之路农商银行发展联盟，资产规模、各项存款、各项贷款均较成立时增长3倍多。截至2022年3月末，该行注册资本88.26亿元，居全国农商银行第七位、西北地区法人银行第二位，资产总额达3570亿元，451个营业网点遍布西安城乡，全资控股两家县级农商银行。

3. 广东构建"N个一部分"适度竞争模式

在推进省联社改革中，广东省人民政府于2021年8月5日发布的《广东省金融改革发展"十四五"规划》提出："在全面完成农信社改制组建农商行的基础上，进一步深化体制机制改革，完善法人治理结构，支持符合条件的农商行扩大经营自主权。"表明广东省政府采取的是构建"N个一部分"适度竞争格局，即多家脱离省联社系统的头部农商行分别管理一部分、省联社继续管理一部分的多银行集团并存局面。2022年2月，东莞农商银行和广东普宁农商银行的管理权，从广东省农村信用社联合社整体移交至东莞市政府，并由东莞市政府委托该行协助管理普宁农商银行。此前，珠海农商银行于2021年底与省联社"脱钩"，转由珠海市政府直接管理。此轮广东农信改革后，将有多家头部农商行以及被其参股控股的小型农商行陆续脱离省联社管理。

广东省选择这一改革模式，基于省内农合机构发展不平衡、经营参差不齐的实际，此轮改革先将农合机构划分梯度，再按照"以强带弱、中间抱团"原则构建农商行集团，集团内部以股权为纽带，由母行向子行"注资、注制、注智"，进而形成深圳、广州、珠海、东莞、顺德、南海、汕头等多个银行集团并存且适度竞争的市场格局。

这一改革模式有利的方面是，金融风险得以快速化解，地方政府支持农商行的力度更大，决策链条更短，管理也更接地气；难点在于如何落实地方政府属地金融风险处置责任，一旦被参股控股的农商行出现风险，其风险"兜底方"可能难以界定。

4. 浙江农商联合银行"联合银行"模式

2022年4月18日挂牌成立的浙江农商联合银行，在浙江省农村信用社联合社基础上组建，由浙江省内全部法人农信机构（简称成员行）入股组成，注册资本50.25亿元，是具有独立企业法人资格的地方性银行业金融机构，是成员行的行业管理银行和联合服务银行。

强化服务功能、增强服务能力是本次浙江农信社发展改革的重点，也是浙江农商联合银行实现赋能改革的关键。一方面，按照市场化、专业化原则，在承接省农信联社原有业务范围的基础上，争取理财子公司等业务资质牌照，在产品创新、资金融通调剂和流动性管理、营运支持、教育培训等方面为行社提供更加强大的服务支撑；另一方面，基于近年来金融科技发展优势，构建更加市场化的科技体系，增加自有科技人员数量和比重，特别是设立金融科技子公司，在满足自身发展需求的基础上，逐步向外系统和同业金融机构输出技术服务。

虽然"联合银行"模式一直饱受"改革不彻底"的质疑，但也有观点认为，浙江农信选择"联合银行"模式，是紧密结合省情和本省农信系统发展实际做出的理性选择。因为"联合银行"模式有效规避了资本强势和逐利的属性对农信社发展产生的不利影响，对于实现党的领导和法人治理相统一、坚守支农支小战略定位、保持县域法人地位稳定、传承发扬农信文化、保持具有农信文化基因干部队伍稳定等关键问题，有着不可替代的独特优势。市场化并不能解决所有问题，"把方向、管风险"始终是改革的重中之重，农信社改革仍然要考虑到国家的治理体系和"什么是农信社的根脉"。农信社的很多问题并不是资本"一控了之"就能解决的。

5. 湖北宏泰集团"金控集团"模式

2022年4月25日，湖北宏泰集团有限公司发布重大资产重组公告称，根据湖北省委、省政府相关工作部署，集团进行重大战略性资产重组，以进一步推动金融资源聚集。其中，湖北省农村信用社联合整体划入，由宏泰集团实际管理省农信联社。

宏泰集团于2022年1月揭牌组建，是湖北省国企改革中第二批成立的省属国有企业，是湖北省属唯一金融服务类企业。根据省委、省政府关于新一轮国资国企改革部署，集团围绕服务实体经济、防控金融风险、深化金融改革三大任务，聚焦综合金融服务、要素市场建设、政策金融保障、资本市场运作四大主责主业，以金融投资为主，打造主业突出、效益显著、风控严密、协同联动、全国一流的金融投资集团。

宏泰集团是湖北省政府通过该省财政厅旗下的金控公司注资，由湖北省原宏泰国有资本投资运营集团、光谷联合产权交易所、湖北省融资再担保集团、湖北省农业信贷融资担保公司、中国碳排放权注册登记结算公司等多家金融类、要素类企业以及相关企业股权整合组建。现注册资本80亿元，资产总额804亿元，旗下共有15家二级公司、1家上市公司。

宏泰集团目前控股股东及实际控制人已由湖北省国资委变更为湖北省财政厅，宏泰集团代表省财政厅向湖北省联社注资并实际管理省联社，省联社改制的银行再向基层行社注资。这是落实中央要求的体现。早在2018年6月，《中共中央 国务院关于完善国有金融资本管理的指导意见》（中发〔2018〕25号）就要求，履行出资人职责的各级财政部门对相关金融机构，依法依规享有参与重大决策、选择管理者、享有收益等出资人权利；负责组织实施基础管理、经营预算、绩效考核、负责人薪酬管理等工作。

湖北省联社改革为银行控股公司模式，划归湖北省财政厅旗下的省级金控集团实际管理，有利于下一步推进省联社改革。宏泰集团除了要有效整合省级金融资源外，还将承担起推进省农信联社向农商银行改革、推动湖北银行尽快实现上市、战略增资成为长江财险第一大股东、打造全国碳金融中心等事关全省金融行业高质量的重大专项任务。

（五）省联社改革模式比较

省联社改革模式包括统一法人模式、控股公司模式、金融服务公司模式和联合银行模式。

1. 统一法人模式

从股权关系来看，统一法人模式属于自上而下的模式，通过向社会募集资本，将全省农信机构合并为统一法人，组建省级农村商业银行，原基层农信机构作为该农商行的分支机构。这一模式能够理顺农信机构与省联社之间"自下而上组建、自上而下管理"的矛盾，有助于实现资源的集中配置，实现规模经济，提高整体农信体系的经营效率。但是，这一模式与当前中央提出的"保持农信机构的县域法人地位和数量总体稳定"的目标相冲突，且在统一法人的过程中，需要省联社收购足够多的股份，一方面需要庞大的资金；另一方面还需要平衡各方利益，操作起来相对困难。从现实情况来看，目前采取统一法人模式的省联社普遍是层级高、区域小、经济强的直辖市，如北京、上海、重庆、天津等，并且这些地区在改革之初就采取的这一模式，因此统一法人模式对于已经采取"省联社—县级联社"这种二级法人结构的地区可行性不高。

2. 控股公司模式

从股权关系来看，金融控股公司模式也属于自上而下的模式，通过向社会募集资本，组建以国有资本为主、集体及民营资本为补充的省一级控股集团，进而向下参股农商行，通过股权的形式将辖内农信社联结起来，实现协同效应和规模效应，在增强农商行资本实力的同时，充分发挥国有资本对农商行服务"三农"的战略引领作用。具体来看，金融控股公司模式具有以下几方面优势。

首先，可以通过股权投资的纽带理顺省联社与基层农信社的上下级管理关系，有助于完善农信系统内部的法人治理。其次，该模式能够保证农信系统的两级法人结构不变，有利于稳定农信机构的县域法人地位。再次，该模式在理顺产权关系后，能够更好地发挥基层农信机构的服务"三农"职能。当前国家对于农信机构的市场定位是，坚持服务县域经济和支农支小，具有一定的政策性属性。而农信社改制为农商行后，作为商业化的金融机构，其发展应当首先从股东利益出发，兼顾社会利益，而不是以社会利益为主，因此普遍寻求做大规模，容易偏离"支农支小"的目标。在金融控股公司模式下，省联社作为基层农信机构的大股东，可以通过派出理事或董事参与经营决策，而非通过行政管理手段约束农信机构的行为，更好地实现服务"三农"的目标。最后，这个改革过程能和农信机构的资本补充有机结合。通过省联社自上而下对基层行社入股，既可以缓解农信机构资本补充的难题，也可以借机对部分高风险行社进行重组，对存量风险进行有效的化解和处置。当然，金融控股公司模式需要对应的资本金来源，需要在相应的改革方案中，进行全面的考虑和专门的安排。

3. 金融服务公司模式

从股权关系来看，金融服务公司模式仍然保持了原有的自下而上参股的方式。这种模式符合国家提出的淡化省联社在人事、财务、业务等方面的行政管理职能，突出其专业化服务功能。但是，若将省联社改革为金融服务公司，就意味着省政府放弃对于省内基层农信机构的行政控制，因此省政府的改革动力较小。

4. 联合银行模式

从股权关系来看，联合银行模式是一种自下而上参股的模式，通过辖内基层农信机构共同出资组建以股权为基础的、具备完善法人治理结构的兼顾经营、管理、服务职能的省级股份合作银行，这种模式改革成本较低。

联合银行模式与现有模式相比主要有以下不同：首先，改制为联合银行后，省联社由"合作金融机构"转变为商业性金融机构，组建"三会一层"的架构，内部治理能力有所提升，"官办"色彩弱化。此外，改制后的联合银行具有金融牌照，可以和基层农信机构一样，经营存贷款业务，也可通过转贷等方式支持基层农信机构的发展。但是，联合银行模式本质上仍是一种发展合作金融的逻辑，通过自下而上的方式，组建更高一级的金融机构，而合作金融发展的前提是通过"人合"带动"资合"，对于农信系统来说，基层农信机构必须具备相互合作的意愿且彼此达成共识，进而共同出资组建联合银行。但现实情况是，基层农信机构作为商业化的独立法人，普遍追求自身利益最大化，且省内各基层农信机构发展水平不一，相互间的利益难以平衡，因此实现"人合"相对困难。如果不以"人合"为前提组建成立联合银行，其由谁领导、由谁管理依然存在争议，若按照公司法人治理模式，谁出资额高、持股比例大就该由谁管理，而发展较好的农信机构无疑具有更强的资金实力，这时又会出现新的问题，即那些自身实力较弱的基层农信机构是否愿意接受自身实力强的农信机构的管理。倘若管理者由政府指派，则又回到现有模式，省联社与基层农信机构的关系基本未变，仍然存在权责关系模糊、失配等问题。

5. 省联社改革模式比较

通过对不同的省联社改革模式进行分析，可将其按照股权关系划分为"自上而下"和"自下而上"两种方式。其中，统一法人模式和金融控股公司模式均属于"自上而下"的方式进行改革，但金融控股公司模式相对来说对现有农信体系的改革冲击较小，依然保持农信系统"省联社—县联社"的二级法人结构不变，符合国家的保持农信机构的县域法人地位和数量总体稳定的大目标；金融服务公司模式与联合银行模式均属于"自下而上"的改革方式，但联合银行模式对于现有省政府的权力约束较小，各省政府改革的动力相对较强。因此，金融控股公司模式和联合银行模式分别是"自上而下"和"自下而上"两种模式中改革困难和阻碍相对较小的模式，自然也成为当前讨论较多的两种改革路径。但从理顺省联社和农信机构产权关系及管理体制的改革目标来看，对于有条件的省区，金融控股公司模式可能是相对较优的改革路径。

各省经济社会发展水平不一、农信体系的发展也存在较大差异，未来对于省联社的改革，还需各省根据实际情况，因地制宜地选定省联社的具体改革路径，国家和监管部门切勿对省联社的改革施行"一刀切"政策。但是，无论采取何种路径，省联社改革都要保持与农信机构的改革方向相一致，即坚持市场化、法治化、企业化的改革方向，坚持农信机构服务"三农"、保证可持续发展的县域法人地位稳定这一原则，同时要加大金融科技方面的投入和能力建设，全面提升农信机构的金融科技应用水平和竞争能力，实现数字经济大潮下农信机构健康、高效、可持续发展。

四、农村信用社发展对策

鉴于农信社改革后依然存在不足，应进一步深化农信社改革，厘清产权关系，理顺公司治理体系；建立市场化机制，充分发挥省联社服务和统筹职能，强化农信社独立法人地位，更好地服务乡村振兴战略；通过加强金融科技建设解决支农与发展目标矛盾和外部竞争带来的挑战。

(一) 县级联社发展对策

1. 明确产权，规范治理

2011 年来，中国银监会明确提出达到条件的农村信用社改组为商业银行。改组后的农信社产权将逐步理顺，并起到示范效应。这种改组实质上是引入新的产权主体替代原有的所有者虚置，将产权量化到具体的自然人和法人。股份制产权制度具有更大的优势和现实性，在制度安排上，合作制向股份制转化，符合现代商业金融的发展路径。因此，有必要规范法人治理，鼓励职工共同参股，形成机构内部的风险共担机制，防范个别人利用职权谋取私利；同时接受社会监督，定期向社会公布经过中介机构审计确认的经营状况，以及监管机构出具的监管意见。

省级联社可以控股股东或最大股东身份参股县级行社，对县级行社进行股份制改造，通过资本约束，可以不断完善县级行社的法人治理结构，使之逐渐成为市场经营主体。省级政府应放弃对农村信用社的行政控制，摒弃"政企合一"的弊端，有利于真正实现农村信用社独立自主、因地制宜持续健康稳定发展。

2. 风险控制制度化

在改革过程中，应采取切实有效的措施，建立长效机制，防范和化解农信机构各类风险。一是落实省级政府属地风险处置责任，建立多级风险防控与处置机制，探索风险准备金制度；二是由省联社（农商联合银行）牵头，在全省建立风险互助和流动性互助机制，提升法人行社风险防控能力；三是实施全面风险管理，健全农信机构事前、事中、事后全流程风险管理机制，降低增量风险；四是拓宽不良资产处置渠道和方式，综合运用批量转让、证券化、债转股等手段消化存量不良。央行和监管部门应适当降低相应要求，支持农信机构通过发行永续债等多种资本工具补充资本，符合条件的农商行应优先支持上市；通过定向降准、再贷款、再贴现等措施，进一步加大对农信机构的精准支持，从根本上提升农信机构稳健发展能力。

为增强规模效应和抗风险能力，对东北和中西部地区规模较小的农信社（农商行、农合行），应鼓励在市场化的基础上进行重组合并，适当组建市级农商行。近年来，四川省、广东省等省份在重组合并农信社方面进行了积极尝试，取得较好效果，这与坚持县域法人地位的原则并不矛盾。

3. 优化金融生态环境

为强化农村信用社信贷支农目标，建议做好优化金融生态环境，提高农业农民保险保障水平，完善农村征信建设。主要措施有：农村信用社服务主体是"三农"，是经济发展薄弱领域，农业不发达，规模小，分散经营，受自然因素影响大；农民收入低，信用度不高，社会保障水平低，这是决定农村金融发展的主要外部环境因素。因此，通过提高财政补贴农业保险保障额度，提高农业机械化程度，建立支农贷款的风险体系，如支农贷款风险保障基金、支农贷款保险等，构建支农贷款担保体系，如农业贷款担保机制、农户贷款政府担保机制、农村信贷机构担保等，推进支农贷款贴息、免息政策、拓展联保贷款业务等，推进合作金融法规建设，适时出台合作金融法。提高农民社会保障水平，加快信用村建设，提高农民信用水平，使得农业抗风险能力增强，农民生活保障程度提高，优化农村金融生态环境，有效降低农村金融风险，农信社才可能做到支农与发展目标并行不悖。

4. 以质量促效益应对市场竞争

面对农村金融市场资金供给主体逐渐增多，互联网金融不断蚕食，市场竞争日益激烈的情况，农信社面临技术创新，特别是移动互联、人工智能、区块链等新技术带来的金融新业态、新场景的挑战；面临金融机构、类金融机构多元化发展催生新的竞争主体的挑战；面临移动互联和大数据金融服务方式下国有银行、股份制银行及互联网公司对农村中小银行和传统优势市场（县域及农村、城镇社区）全方位的业务渗透等挑战。

农信社应该科学应变、主动求变，与时俱进，变挑战为机遇，持续加快经营模式转型、金融产品创新和金融科技赋能，发展思路由"规模效益型"向"质量效益型"转变。

经营模式转型上，由同质化向特色化转变，增强农信社的竞争力，走差异化竞争的特色之路，建立全方位对接客户的服务机制，打造具有特色的核心竞争力；盈利模式由单一化向多元化转变；产品创新上，着力推进负债类产品优化、强力推进信贷类产品创新；完善"对外简化、对内优化"的操作流程，全面提升农信社精细化管理水平，打造精细化管理的流程银行；对内形成机会均等、公平竞争的机制活力，对外形成信用为本、合作共赢的良好环境。

科技赋能上，强化顶层设计，推进金融科技整体布局，充分利用现代科技成果，真正建立起以客户为中心的业务信息系统和以价值创造为中心的管理信息系统，加快朝着科技银行的功能转型；强化线上赋能，加快金融生态重塑，利用金融科技改善农信社金融服务（包括现金存取、支付结算、信贷、征信等服务），降低交易成本，提高风险识别能力；通过与互联网金融机构合作，拓展业务范围，开展农村理财、保险、证券、信托等方面的代理或自营业务，增加利润来源；可以通过互联网技术，加强内部管理，实现管理扁平化，减少管理层次，节省管理费用，提高管理效率；可能会同时实现盈利和支农的双重目标。

（二）省联社发展对策

功能上，省联社要在信息化、智能化、平台化、生态化方面发挥重大作用，指导基层行社在科技、资源、市场等方面走"联合与合作"的道路，拥抱数字经济，走数字金融之路，这既符合监管要求，也是未来发展方向。

组织模式上，金融监管部门对省联社改革不搞"一刀切"，要求省联社改革实事求是、因地制宜，根据各省经济发展情况、金融体系、资产质量、风险管控能力、地方政府意图等因素来决定选择哪一种改革方案。中国幅员辽阔，东、中、西部地域特色、经济发展水平各不相同，各地农信社的发展程度不等，省联社具体采取哪种模式，没有完美之选，只有适合的模式。

管理职能上，一些经济欠发达省份的农信社还是零散的，经营管理仍然落后，需要省联社对其经营进行指导、帮助。大型的农商行基本都出现在经济发达地区，对于地方大型农商行，随着资本扩张、跨省经营，省联社已经很难对其经营进行实质性的干预，未来省联社必然只能"重服务轻管理"，其行政管理职能将逐渐淡化，进而转型成为类似于行业协会的机构，侧重服务功能。

综上所述，对于2003年的"花钱买机制"农信社改革，取得了一些成就，还存在着一些不足。全国农信社在两年多时间实现净资产总额、平均资本充足率、盈利总额三项指标全部由负转正，更出现了长达十余年的高速发展。但在体制机制、治理结构、管理模式、经营机制转换、资产质量和披露等多方面，仍然存在较大问题，还需要继续深化改革。

第四部分　其他类型合作经济组织
发展研究报告

自有人类社会以来，在处理人与人之间的关系上，便有冲突、对抗、竞争与合作等不同的行为方式，反映了人的不同动机，本质上是反映了不同的哲学思想。合作是处理人与人之间关系的一种行为方式。现代西方合作运动及相应产生与发展的合作社组织形式与制度安排则始于 19 世纪初，此后存在与发展到今天，成为世界上许多国家经济体制中的一种有机组成部分，并以其特有的治理架构和制度安排为人们所知晓。

在中国，合作社作为一种重要的组织形式和经济发展形态，在加快推进农业现代化，繁荣城乡经济，统筹城乡发展，增加就业和收入等方面发挥着不可替代的重要作用。本部分将介绍具有一定的治理架构和制度安排的其他类型合作经济组织。

一、其他合作经济组织类型

（一）农村合作医疗

合作医疗是由我国农民自己创造的互助共济的医疗保障制度，在保障农民获得基本卫生服务、缓解农民因病致贫和因病返贫方面发挥了重要的作用。它为世界各国，特别是发展中国家所普遍存在的问题提供了一个范本，不仅在国内受到农民群众的欢迎，而且在国际上得到好评。世界银行和世界卫生组织把我国农村的合作医疗称为"发展中国家解决卫生经费的唯一典范"。

合作医疗在将近 50 年的发展历程中，先后经历了 20 世纪 40 年代的萌芽阶段、50 年代的初创阶段、60—70 年代的发展与鼎盛阶段、80 年代的解体阶段和 90 年代以来的恢复和发展阶段。面对传统合作医疗中遇到的问题，卫生部组织专家与地方卫生机构进行了一系列的专题研究，1994 年，全国 27 个省14 个县（市）开展"中国农村合作医疗制度改革"试点及跟踪研究工作，为建立新型农村合作医疗打下了坚实的政策基础。2002 年 10 月，中国明确提出各级政府要积极引导农民建立以大病统筹为主的新型农村合作医疗制度。2006年新型农村合作医疗试点县（市、区）覆盖面扩大到 40% 左右，2007 年扩大到 60% 左右，2009 年，中国做出深化医药卫生体制改革的重要战略部署，确立新农合为农村基本医疗保障制度的地位，农村合作医疗参合率明显提升，见图 4—1。

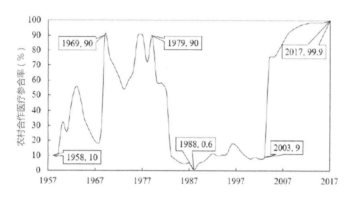

图 4—1　新中国成立以来我国各阶段农村合作医疗参合率

数据来源：尚虎平，黄六招. 中国农村经济，2020（7）.

新型农村合作医疗制度，简称新农合，是由政府组织、引导、支持，农民自愿参加，个人、集体和政府多方筹资，以大病统筹为主的农民医疗互助共济制度。其资金来源以政府投入为主，农民再出剩余部分。具体的筹资比例为：中央财政和地方财政各占 1/3，农民个人缴纳 1/3，乡村集体经济组织有条件的也要给予资金支持。

2016 年 1 月 3 日，国务院印发《关于整合城乡居民基本医疗保险制度的意见》（以下简称《意见》），整合城镇居民基本医疗保险（以下简称城居保）和新型农村合作医疗（以下简称新农合）两项制度，建立统一的城乡居民基本医疗保险（以下简称城乡居民医保）制度，该制度的建立是推进医药卫生体制改革、实现城乡居民公平享有基本医疗保险权益、促进社会公平正义、增进人民福祉的重大举措，对促进城乡经济社会协调发展、全面建成小康社会具有重要意义。

城乡居民医保整合前，新农合和城居保在缴费标准、报销药品、定点医院等方面差异较大。比起城居保，新农合在政府补贴和报销比例上稍高，但其筹资水平、报销药品数量和人均基金支出却明显较低（见表 4—1）。

表 4—1 2016 年新农合和城居保的收支情况

	筹资渠道	筹资水平（元）	报销比例（%）	报销药品数（个）	人均基金支出（元）
新农合	政府补贴约 80%，个人缴费约 20%	约 470	75	1100	417
城居保	政府补贴约 70%，个人缴费约 30%	约 980	70	2900	629

资料来源：马万超，李辉. 中国经济问题，2021（7）.

整合后，原新农合参保人员筹资水平提高了 108.51%，报销药品数量增长了 163.63%，人均基金支出增加了 50.84%，并且定点医疗机构层次更高、范围更广，这大幅提高了其医保福利和健康水平。城乡居民医保打破了城乡医保壁垒，促进了医疗公共服务均等化，实现了城乡居民公平享有医保权益，增加了人民群众的获得感。

（二）土地流转合作社

农村土地流转合作社是指在家庭承包经营的基础上，由享有农村土地承包经营权（或林地经营权）的农户和从事农业生产经营的组织，为解决家庭承包经营土地零星分散、效益不高、市场信息不通等问题，自愿联合、民主管理，把家庭承包土地（或林地）的经营权采取入股、委托代耕和其他流转方式进行集中统一规划、统一经营的农村互助性合作经济组织。它以股份制和合作制为基本形式，实行"三权分离"，即村集体拥有土地所有权，农民拥有土地承包权，土地流转合作社拥有土地经营权，农户按入社土地面积从合作社获取分红收益。

目前，土地流转合作社大体上可以分为两种类型：一是村集体牵头成立土地股份合作社，将土地整理后通过合作社转租，在土地流转中发挥中介作用，实际上是村集体组织"统"的职能的体现。合作社自己不经营，只是充当流转中介。但是通过土地整理，合作社也可以得到多出来大约 10% 土地的租金，这部分租金除了弥补整理土地的支出外，主要用于村集体的办公经费。二是村集体或农户成立土地股份合作社自己经营。一开始合作社仅仅充当流转中介，后来逐渐组织本村的剩余劳动力自己经营。这样既增加了入股农民的分红数额，又增加了村集体的收入。表 4-2 展示了土地流转合作社的各项成本。

表 4-2　土地流转合作社公司化运营与维护的劳动力成本

占比		小苗	中苗	大苗
		一成	三成	五成
管护	1 人看护亩数	4 分地	1 亩地	1 亩地
	2 人看护亩数	6 分地	1.5 亩地	3 亩地
	管护费用/年	300 元/人	300 元/人	300 元/人
锄地	每年锄地次数/亩	6 次	4 次	3 次
	每亩地用工数	15 个工	4～15 个工	1 个工 2～3 亩
	用工的工资/天	80	80	80
	成本总额/元	7200	1280～4800	80～120
公司流转土地的成本/（元/亩）		800		
（平均）总成本/元		9000	4140	1200
总成本/（元/亩）		3642		

数据来源：邓宏图等. 管理世界，2020（9）.

以合作社作为土地流转的载体，引导农民将土地流转给专业合作社经营，是完善农村土地流转方式的一种创新。其意义主要有以下几个方面：一是有利于土地资源优化整合，通过合作形式进行生产经营，符合农村发展的实际，对于进一步深化农村土地经营制度、实现适度规模经营、促进生产方式转变、带动农民增收具有积极意义；二是农民把土地委托给合作社统一经营，使这些农民完全从土地中解放了出来，安心外出务工经商或就地转移从事二、三产业，促进了专业化分工，同时这些农民又能得到土地收益，有利于保证农民长期而稳定的收益，也有利于农民的非农化转移和农村城镇化进程；三是实现适度规模经营，有利于加快农业产业化的发展。

（三）农机合作社

随着工业化的发展，农业机械逐渐进入市场，现已变成了农业生产中不可或缺的一部分。近年来，随着政府部门愈加重视农机化发展，通过不断加大扶持政策、进行农机推广，带动农民的购买热情，提高农业生产效率和人均收入，使农机化水平显著提升。

虽说农机得到了普及，但是受各种因素制约，每个农户不可能拥有各种功能的农机产品，大多数农户都是单机作业，这就是全程机械化的主要制约因素。而农机合作社犹如一个农机"超市"，可以把各种不同型号、不同功能的农机有效组合起来，进行统一安排管理。进而有效开展从耕整、种植到收获一系列全程机械化服务。

农机合作社能有效整合农机资源。农机资源得到了整合，不仅提高了农机使用率，因闲置、无序竞争而带来的问题也得到改善。农机合作社作为农机资源的基地，根据作物成熟的先后实际情况，统筹部署，组织连篇作业，提高作业效率。如"三夏"的到来，农机合作社组织开展跨区作业，不仅为粮食丰收提供保障，还增加了农民的经济收入，增产增收得到双重保障。

农机合作社为农民与政府搭建桥梁。在生产过程中成员出现的一些问题，农机合作社可以有效地传达给政府部门，政府部门能对实际问题得到进一步了解，从而制定或更好地完善政策，对决策进行贯彻落实。合作社根据政府颁布的政策进行宣传并推行，使农民从中获益。

（四）测土施肥合作社

测土施肥合作社主要由土肥技术人员、农资供应人员、配方专用肥生产企业、施肥作业人员、种粮大户、种植业生产合作社组成。主要任务除开展统一施肥等作业任务外，还包括及时向成员提供最新土肥信息、开展市场土肥信息与技术的收集和交流、为成员建立健康档案、为成员提供肥害补救措施等内容。合作社将把这些力量整合起来，织成一张科技网，从而最大限度发挥土肥社会化服务功能。

测土施肥合作社的创建，把土壤监测体系、科研单位的配方专用肥技术、市场化运作的专用肥生产企业、连锁经营的农资供应网络、统一施肥的社会化服务组织等公益型服务有机地结合起来，构建新型的土肥社会化服务体系，真正把社会化服务的功能最大限度地发挥出来，对农业生产效率等方面的提高有着积极的影响。

（五）农村劳务合作社

农村劳务合作社是由农村居民经济合作社或社会团体作为成立发起人，主要吸收有劳动能力但难以寻找到合适就业岗位的农村闲置劳动力参加的一种新型合作经济组织。这种以农村富余劳动力、失地农民的劳动合作为基础成立的农业合作经济组织，旨在把农村富余劳动力和失地农民的就业与土地规模经营业主、企业劳动用工、现代农业技能要求统筹兼顾起来，以农业劳务合作社为载体，实现劳资双方无缝对接，合作共赢，通过这种农业生产方式的转变，能有效解决农业业主生产管理环节的"瓶颈"，积极探索出一条农民"自我管理、自我服务、自我提升"的有效的途径。

随着土地规模化经营和农村青壮年劳动力向第二、三产业的转移，农业社会化服务体系滞后的问题日渐凸显：一方面，土地流转规模化经营，农村出现季节性用工难和社会服务用工难问题；另一方面，随着青壮劳动力向第二、三产业的转移，农村富余劳动力大部分是老人、妇女或儿童，存在就业困难问题。这就催生了对劳务合作社发展的需求。

农村劳务合作社不仅是市场经济主体，同时还具有明显的公益性质，相关部门在技术上免费提供咨询，在装备上给予政策补贴，在税收上地方留成部分给予合作社以奖代补，在同等条件下，优先将就业机会提供给劳务合作社，提高对外承揽劳务工程的市场竞争力。江苏省太仓市通过探索和发展农民劳务合作社，将农村闲置劳动力农民组织起来，承接城市绿化工程、道路养护、物业管理、农业生产服务等工作，在解决这个问题上做出了卓有成效的探索实践。

在实践中，劳务合作社发挥的功能主要有以下三方面：一是开展劳务输出，通过组织开展农村"失地留守弱劳动力"培训技能，有组织地向从事种植业、养殖业、加工业的业主输送劳务，开展定向、订单式用工服务；二是承包劳务技术，承包种植业、养殖业、加工业业主的劳动用工、技术管理、市场信息"一条龙作业"；三是承接专业和岗位培训，农业劳务合作社对农民进行现代农业所需的技术、技能、专业、信息等资质培训，通过考试颁发劳动技能证书，实行持证上岗。

（六）保险合作社

保险合作社是合作制保险形式之一，目前全球具有影响力的保险合作社有美国的蓝十字与蓝盾协会（Blue Cross and Blue Sield Association）等。这种组织形式分布于30多个国家，其中英国的数量最多。农业保险合作社是在一定区域内建立起来的、由参保的农户为主体、不以营利为目的的组织，农户加入合作社时须认缴一定金额的股本，投保时缴纳保险费。保险合作社自主经营、自负盈亏，成员有权参与日常的经营管理，业务结余留在社内归全体成员所有。作为一种风险共担、利益共享的非营利性互助合作组织，保险合作社相对于商业保险公司而言在经营农业保险方面具备许多优势，并成为法国、德国、日本等国家农业保险的经营模式。

农业保险合作社在许多国家推广并取得成功经验，但各国国情不同，具体操作上各具特色，例如法国主要由农户自愿组成合作社，日本是在政府大力支持下成立农业共济组合。保险合作社能够容纳不同水平的生产力，尤其在解决我国农业保险供求不足方面具有明显的优越性，因此这种组织形式很适合我国当前农村经济发展水平，是发展我国农业保险理想的组织模式，但由于长期以来我国农村自治并不成熟，完全依靠农户组织保险合作社可能会遇到一些障碍，因此应在各级政府的引导和扶持下，立足于自身特点，建立和发展适合我国国情的保险合作组织。

（七）住宅合作社

国际上通行的住宅合作社是指成员出于共同的居住需求而自愿联合起来成立的互助合作组织。国务院住房制度改革领导小组、建设部、国家税务局在1992年发布的《城镇住宅合作社管理暂行办法》对住宅合作社做了如下定义："本办法所称住宅合作社，是指经市（县）人民政府房地产行政主管部门批准，由城市居民、职工为改善住房条件而自愿参加，不以营利为目的公益性合作经济组织，具有法人资格。住宅合作社的主要任务是：发展成员，组织本社成员合作建造住宅；负责社内房屋的管理、维修和服务；培育成员互助合作意识；向当地人民政府有关部门反映成员的意见和要求；兴办为成员居住生活服务的其他事业。"

《城镇住宅合作社管理暂行办法》对住宅合作社有如下分类：一是由当地人民政府的有关机构，组织本行政区域内城镇居民参加的社会型住宅合作社（社会型）；二是由本系统或本单位组织所属职工参加的系统或单位的职工住宅合作社（系统型或单位型）；三是当地人民政府房地产行政主管部门批准的其他类型的住宅合作社（危改型或搬迁型等）。

作为我国住房保障制度的供应体系，合作住宅、经济适用住房和集资建房都享受了政府的有关优惠、扶持政策，但它们的运作方式是有所区别的。经济适用住房按市场规律运作，它的定价包含一定的经营利润，建成的住房向全社会的中低收入家庭出售；集资建房一般由单位出面组织，单位提供建房用地，由参加集资的职工部分或者全额出资建设；而合作住宅则是成员自愿组织、互助合作、民主管理的一种住宅。另外，在我国，有些合作社在建房完成之后，产权归成员个人所有，合作社作为一种组织，即退出住房管理，或宣告解散，这只能称为合作建房，是我国住宅合作社不够规范的表现。

中国住宅合作社的出现，顺应了经济发展的实际需求，在一定程度上满足了部分城镇居民的住房需求。然而，由于种种原因，我国住宅合作社在20世纪90年代初期经历了短暂繁荣，目前基本处于停滞阶段。住宅合作社具有典型的非营利性特征，旨在通过成员集资合作建造住宅，改善合作社成员的居住条件。然而，从我国实际来看，住宅合作社的生存和发展却因处处受限而一直处于极为艰难的境地，在改善公民居住条件、实施住房保障的过程中，并没有充分发挥其应有的作用。

（八）消费合作社

消费合作社是自愿联合的消费者，通过其共同所有与民主控制的企业，满足他们共同的经济、社会与文化需要及理想的自治联合体，它也遵循国际合作社联盟的七项原则，因而在本质特征上与其他类型合作社并无实质区别。最典型的消费合作社类别是经营食品与其他非食品类生活用品的消费合作社，其广义的业务领域更可包含电力、电话、健康医疗甚至住房与金融服务等消费合作社种类。

安源路矿工人消费合作社是中国共产党成立之初注重调节工人消费生活并实行经济领导的重要表现。在组织安源工人运动的过程中，中国共产党高度重视工人经济利益与消费生活，通过创建、改组、扩充、整顿消费合作社，为安源路矿工人提供了便宜的消费物资和货币兑换服务；同时，不断加强党对消费合作社的经济领导，推动消费合作社的制度建设。虽然初创的消费合作社受到外部军事政治力量的干扰和内部管理不善的影响，但从其发展过程来看，中国共产党已经建立起一套行之有效的消费合作社经营与管理制度，在工人运动中发挥了重要作用。整体而言，安源路矿工人消费合作社致力于将工人日常消费生活与工人运动、革命斗争相结合，为中国共产党管理经济组织并加强经济领导提供了重要的历史经验，也成为中国共产党独立自主探索消费合作社发展道路的开端。

目前，我国的消费合作社主要涉及食品和基本生活用品领域，特别是在农产品销售领域。例如，北京市农研中心成立的农研职工消费合作社与延庆北菜园农产品产销专业合作社进行"社社对接"，消费合作社搭建了成员在线购物和监督平台，通过"互联网＋物联网＋充值卡＋智能配送柜"的形式，提供随时随地在线订购北菜园蔬菜的服务。同时，为了拉近生产者和消费者的距离，北京市农研中心职工消费合作社还组织成员定期考察参观北菜园联合社的蔬菜生产环境，了解蔬菜的生产管理和配送过程，不仅让消费者用得放心，同时对产品的质量起到很好的监督作用。全国第一个由省级供销合作社成立的城市社区消费合作社——云南永的大树营消费合作社，在昆明市东风东路金马立交桥旁大树营后村成立。这是由云南省供销合作社牵头，目的在于为社区居民提供方便优惠的服务，在市场物价波动的时候，可以通过对分布各社区的消费合作社进行适当补贴进行物价调控。

由于新形势下我国发展消费合作社的经验还较缺乏，其业务领域尚未涉及太多产业，比如像住房这样的敏感且涉及多部门、多利益的产业，因此进一步发展消费合作社是一个总体上逐步推进的过程。

（九）乡村文化旅游合作社

伴随着乡村旅游的发展，一些地方由农户各自经营，各自为政导致的恶性竞争时有发生，为实现乡村旅游可持续发展，乡村旅游合作社应运而生。乡村旅游合作社是指以农事生产为基础，占有相关资源的农户在自愿联合、民主管理的基础上建立的互助性经济组织。乡村文化旅游合作社主要有两种合作类型。

1. 实物合作

实物合作是指即以乡村旅游发展依托的实际存在的有形事物为入股要素进行合作，其主要包括三个方面：一是旅游资源，如属于农户私有的特色建筑、田园菜畦等；二是旅游生产要素，如土地、房屋等，对其加以征用和改造，从而使其成为旅游接待设施；三是其他相关资源，如豆腐作坊，旅游者对乡村豆腐坊生产的豆腐情有独钟，开展乡村旅游时将其作为必不可少的饮食类别，因而，可以考虑将豆腐作坊纳入乡村旅游合作社。依托实物是开展乡村旅游合作的基础。

2. 文化合作

将文化纳入合作范围能够有效提升乡村旅游文化内涵。文化合作具有两层含义：一方面是指文化艺术载体以产品形式参与合作，如木版年画的印制、竹工艺品的编制等；另一方面是指具有某种文化艺术表演能力的人，如皮影戏的传承者，民族舞蹈的表演者，其可以通过艺术表演而加入乡村旅游合作社。文化合作是乡村旅游合作的提升。

乡村文化旅游合作社是农民合作组织，但其仍然需要以政府为主导，促使乡村旅游在以下方面发力：首先，获得财政支持，如政府对乡村旅游合作社予以适度的财政补贴，在税收、金融等方面给予一定的优惠政策，解决乡村旅游合作社发展中的资金问题；其次，享受惠农政策，如政府对乡村旅游制定统一的营销战略，对乡村旅游资源进行统一推广，从而为乡村旅游发展扩大宣传，节约成本；最后，接受培训教育，政府组织专家学者对乡村旅游合作社提供一定的智力支持，对服务人员进行培训和教育，从而提高合作社工作人员的综合素质。

乡村文化旅游合作社也需要企业的参与。企业参与乡村旅游合作社运作应当是全方位的，首先，参与融资，为乡村旅游合作社运营提供一定的资金支持；其次，参与生产，提升乡村旅游合作社竞争力，引导乡村旅游企业做大做强；最后，参与管理，以企业管理的视角，指导合作社成员规范化生产运营。

乡村文旅合作社体系由产业共建社、资金信用社、土地股份社、技术共享社和电商服务社 5 个合作社组成（见图 4—2）。文旅合作社的多社体系是由乡村文化和旅游产业发展特点决定的。文化和旅游产业的高质量发展需要整合当地的土地、资金、村民、资源、技术、营销平台，并且产业链长、环节多，单一的农民合作社无法起到有效的支撑作用。

图 4—2 "五位一体"文旅合作社体系图

新型农村文旅合作社应以组织结构为基础，以多元主体为动力，以文旅等产业项目为依托，以利益分配为核心，以政策法规为保障，以现代科技为支撑，立足当地自然资源和文化资源条件，创新文旅等产业路径，通过促进农村经济产业发展，提高农民主体地位，增强民主和组织意识，复兴优秀乡土文化，加强农村基础设施和公共服务建设，以及有效改善农村地区的生活环境和增加就业机会，从而增加农村地区发展的内生动力和可持续发展能力，推动实现乡村振兴。

（十）全国手工业合作社

中华全国手工业合作总社于 1957 年成立，是在党中央、国务院领导下，由全国各省、自治区、直辖市联社及其集体工业经济联合组织组成的集体所有制经济联合组织。总社的主要职能是按照建立现代企业制度和把集体企业真正办成职工（成员）自己的企业要求，组织、推动城镇集体（合作）企业改革与发展，以适应社会主义市场经济发展的需要；组织指导发展新型的集体企业、合作制企业及家庭手工业，吸纳就业人员，维护社会稳定；组织成员单位开展互助合作活动，为成员单位提供供销、技术、信息、资金融通、法律咨询、人才培训等各项服务，帮助其提高素质和整体效益等。中华全国手工业合作总社及其所属各级联社已逐渐成为集体企业改革和发展的指导和组织者，集体经济政策的建议和协调者，集体资产的管理和维护者，政府与企业之间的桥梁和服务者。

2011年，中华全国手工业合作总社第七次代表大会审议并一致通过了《中华全国手工业合作总社章程（修正案）》，决定正式颁布施行。该章程规定"中华全国手工业合作总社是在党中央、国务院的领导下，由各类城镇集体工业联社、手工业合作联社和其他集体经济组织组成的全国性的联合经济组织，是各级联社及其他成员单位的指导和服务机构。"

该章程约定，中华全国手工业合作总社指导成员单位和集体企业，深化改革，发展多种形式的集体经济，互助合作，实现劳动者的共同富裕。总社实行自愿、自主、合作、互利、民主、平等的原则。以指导、维护、监督、协调、服务为基本职能，搞好资产运营，增强经济实力，强化服务功能，成为联系政府与企业的桥梁和纽带。总社及其各级联社依法具有独立的法人地位，是本级社资产所有者代表，其合法权益受国家法律保护。中华全国手工业合作总社下属各级联社，属于第七届理事会常务理事的各级联社名单见表4-3。

表4-3 中华全国手工业合作总社下属各级联社第七届理事会常务理事单位

上海市			黑龙江省	
上海市城镇工业合作联社	上海市生产服务合作联社	上海市工业合作联社	哈尔滨轻工集体企业联社	黑龙江省二轻集体企业联社
辽宁省			河北省	
沈阳市轻工集体工业联社	辽宁省城镇集体工业联社	大连市轻工集体工业联社	河北省轻工集体工业联社	
甘肃省			宁夏回族自治区	
甘肃省手工业联社			宁夏回族自治区工业合作联社	
四川省			吉林省	
四川省工业合作联社	成都市工业合作联社		长春市手工业合作联社	
江苏省			海南省	
江苏省城镇集体工业联社	南京市城镇集体企业联社		海南省二轻集体企业联社	
广东省			天津市	
广州市二轻集体企业联社	广东省城镇集体企业联社		天津市城市集体经济联合会	天津市二轻集体工业联社

北京市	福建省	
北京市手工业生产合作社联合总社	厦门市二轻集体企业联社	福建省城镇集体工业联社
云南省	山西省	
云南省城镇集体企业联社	山西省城镇集体工业联合社	
重庆市	浙江省	
重庆市工业合作联社	浙江省手工业合作联社	杭州市手工业合作联社
青海省	山东省	
青海省手工业合作联社	山东省轻工集体企业联社	青岛市二轻集体企业联社
湖北省	湖南省	
武汉市工业合作联社	湖南省城镇集体工业联社	
陕西省	广西壮族自治区	
西安市工业合作联社	广西二轻工业联社	
江西省	陕西省	
江西省手工业合作联社	陕西省手工业合作联社	

资料来源：根据《中国集体经济》2021年第6期整理。

（十一）农村社区股份合作社

农村社区股份合作社是指将农村集体净资产量化到成员后形成的合作经济组织。它是中国特色农村集体所有制的产物。《中华人民共和国民法典》第五十九条规定："农民集体所有的不动产和动产，属于本集体成员集体所有。"包括土地（含林地、草原等资源性资产）和其他财产。据农业部门统计，经过长期的发展积累，目前全国农村集体经济组织拥有土地等资源性资产66.9亿亩，各类账面资产2.86万亿元，大体上全国的村平均近500万元，东部地区村均近千万元。这些资产是农业农村发展的重要物质基础。《中华人民共和国民法典》第一百二十四条第二款规定："农民集体所有和国家所有由农民集体使用的耕地、林地、草地以及其他用于农业的土地，依法实行土地承包经营制度。"那么，其他动产和不动产怎样经营？作为集体成员的农民享有什么权利？

在实行人民公社制度的20多年间，这些资产和耕地等资源性资产一样全部由集体（公社、大队、生产小队）统一经营，而截至1983年春，95%以上的农村基本核算单位（主要是生产小队）全部实行了以家庭为主体的承包经营，与此同时，广大农村也在尝试着进行集体经营性资产经营方式的探索。20世纪80年代如雨后春笋般兴起的乡镇企业，到了90年代，几乎都实行了某种形式的承包责任制。80年代后期，作为国家级农村改革试验区，山东省淄博市周村区还试点了农村社区股份合作制改革，把农村社区的集体资产量化到每位成员，为今天的农村社区股份合作社的构建积累了极其宝贵的经验。

农村社区股份合作社是将农村集体所有的经营性资产以股权的形式量化给每个村级集体组织成员，从而形成全体社区居民（农民）所有、民主管理、民主决策、独立核算、自主经营、风险共担的新型合作经济组织。农村社区股份合作社遵循股份合作制的原则，一般以村级组织为单位，也有的以村民小组为单位。农村股份合作社的大发展时期是20世纪90年代，主要是一些比较富裕的村，把村集体中无法分割或没有承包到户的资产，以股份的形式按照一定的规则平均分配到每个社区成员，年底按股分红。尽管各地的做法不完全相同，但总的来看都体现了加强农村集体资产经营管理这个核心，体现了资产保值增值、增加农民收入的目标。

从现实中看，农村社区股份合作社具有以下特点：第一，成员性。即农村社区股份合作社的成员和集体经济组织的成员是重合的，强调成员按份所有，尤其在合作社构建的初期阶段，每个成员的股份大体接近，是典型的同质性合作社。从股权构成角度看，农村社区股份合作社的股权均衡性决定了成员地位的平等性，不像农民专业合作社那样，存在着少数成员占大股甚至控股现象。现实中有些社区股份合作社为了保持这样的均衡股权，防止一股独大，甚至在章程上注明，即使出现个别成员转让股权情况，转入成员的持股也不能超过单个成员持股的3倍或5倍。第二，封闭性。农村社区股份合作社的成员只能是集体经济组织的成员，即使出现股权转让情况，也只能在集体经济组织内部，非本集体经济组织成员没有资格成为本社区股份合作社的成员，从而没有资格转入本社区股份合作社的股份。现实中，农村集体经济组织包括乡镇级、村级、村民小组级，互相之间还存在着交叉、重叠现象。如有的乡镇集体资产雄厚可以组建乡镇级的社区股份合作社，但不影响其下辖的村也组建村级社区股份合作社；按照《意见》的要求，将来每个村都可能组建一个社区股份合作社，村下面的村民小组如果集体资产较多，也可以组建小组级社区股份合作社；没有资产的村民小组当然就没有必要组建合作社。这样，同为一个村的村民，有的可能是三级合作社的股权持有者，有的只是乡镇、村两级合作社的股权持有者或村一级合作社的股权持有者。这样的交叉持股现象并不影响农村社区股份合作社的封闭性特征。第三，民主性。农村社区股份合作社的股权构成特点使其具备了决策时采取"一人一票"制度的可能性，即决策的民主性，能够实现"罗虚戴尔式"的决策方式。在较大的村或乡镇由于成员较多而采取成员代表大会制度，但决策的基础仍然是民主决策制度下的"一人一票"制。现实中可能会出现少数成员引导成员大会或代表大会决策的情况，但一般是由于该成员的阅历或见识超群，而不是由于其股份超群。

成立于1844年的罗虚戴尔先锋社被公认为世界上第一个"标准"的合作社，即"元合作社"。其成立之初就拟订了八项办社原则，即"罗虚戴尔原则"。对于当前的合作社而言，其中最具借鉴价值的原则就是入社自愿、一人一票、按业务交易量分配盈余。从前面分析的农村社区股份合作社的特点看：第一，农村社区股份合作社是按照原集体经济组织范围来组建的，集体经济组织成员就是天然的合作社成员，非本集体经济组织成员不具备加入的资格，因而，不具备"入社自愿"的特征；第二，农村社区股份合作社股份均衡的特点决定了其可能实行决策过程中的"一人一票"制；第三，农村社区股份合作社没有交易量（额），合作社的运作一般采取委托代理制，即委托合作社理事长或职业经理人全权负责经营活动，成员只参与合作社重大决策，以及年终分配盈余。

（十二）农产品电子商务合作社

随着农民专业合作社的发展壮大和农民专业合作社信息化建设的推进，农民专业合作社电子商务正在逐步兴起，互联网技术的广泛应用极大地促进了农产品销售从传统单一的模式向线下、线上并进的营销模式转变和发展，电子商务成为农产品营销的持续关注热点。农民专业合作社充分利用"互联网＋"的优势，选择适合自己的电子商务模式。

1. 微营销模式

（1）微博营销。微博营销是通过微博这一互联网社交平台，为生产者、商家或个人的产品等创造传播价值的营销行为模式。从微博的特点来说，微博的每个粉丝都会成为其现实或潜在的营销对象，只要发布这些粉丝感兴趣的产品或话题，或通过那些比较有影响力的个人微博平台，达到营销目的的商业行为。它具有低成本低门槛、操作简单、传播速度快、覆盖范围广、展现形式多样、互动高效、反馈便捷、针对性强、更具人性化等特点。不仅适用于农民专业合作社组织，也适用于普通农民，通过建立微博平台发布信息，达到产品宣传广告、营销推广的目的。通过官方注册认证、具有发言权的微博平台，个人或组织可在微博平台发布农产品信息，进行一系列网络营销活动，能较好地获得消费者的信任，逐步构建有一定受众量并不断扩大的互动交流平台。由于平台不受时间和空间的限制，微博营销所进行的信息传播不同于传统营销模式的时限性和全面化，呈现出传播收看的随时性和碎片化。同时，通过平台设置微博转发（评论/点赞）功能，或通过用于自己多个微博的相互操作提升互动量，起到一传十、十传百的放大效应，从而获得传播低成本、高效率的营销效果。因此，微博营销是非常适应农创客个人、农民专业合作社或者广大的农业生产者开展农产品营销的新模式。

（2）微信营销。微信是腾讯旗下一款集文字、语音、图片、视频等传播形式于一体被手机拥有者普遍使用的通信软件，可以一对一交流传播，也可以群聊（发）、转发传播，更可以通过朋友圈广泛传播的媒体形式。它具有成本相比其他渠道低廉、定位精准、传播形式多样化、营销方式多元化、营销到达率高等优点，微信没有时间和空间的限制，用户开通后，可与各种拥有微信的"朋友"形成联系，需要者可以订阅自己所需的信息，生产经营者可以通过微信平台传播农产品信息，推广和销售自己的产品，实施点对点的营销，提高针对性和有效性，实现农产品销售目的。如2015年中国农牧行业十大创新品牌"归农社交电商"，主要是通过微信朋友圈，以微信发布传播农产品信息为主，实现销售的社交模式电商，它区别于直销、传销、微商。不需要代理费、不设层层代理，不要你囤货，一切风险由公司承担，只要购买一样东西就可以拥有自己的网店。

微信营销是网络经济时代企业营销模式的一种创新，作为农产品生产者完全有能力、有条件去应用微信营销模式去宣传推广和销售农产品，有效解决农产品销售难的问题。

2. 直播带货模式

近年来，直播和短视频行业持续火爆，比起文字、图片，视频更具有冲击力和表现力。大部分农民专业合作社都会有很多农产品，而做出名的则是一小部分，但这小部分却是对外宣传的关键。根据经济学法则"二八"定律，即20%的顾客会创造80%的价值，要通过确立明确的产品个性来获取这20%的更契合更忠实的消费者，再借助他们去扩大市场。那么视频就可以放大这个核心优势，并通过口碑传播，点赞数量统计感兴趣的用户流量，可以做到线上传播到线下引流的一个有效转换，节约了广告费，缩短了营销周期，创造了真正的爆款产品。农民专业合作社成员视频和产品视频是相互配合，共同完成的。用成员（或理事长）讲述产品、产地故事。这些来自田间地头的民间自制短视频会成为展示农民专业合作社，农业创业者风采、宣传农产品的利器。为了更好地展现农业创业者风采，扩大农产品的品牌影响力，如浙江省农创客联合会开通了官方抖音号，大家可以把自己制作的短视频通过官方抖音号传播出去，可以在这里获得更多的曝光、更多的流量支持，也可以在朋友圈推广出去。

3. 第三方平台模式

农民专业合作社主要的电子商务活动是农产品的销售和生产资料的采购。在农产品销售活动中，其对象主要是个人客户和组织客户，为个人和组织提供便利的农产品交易渠道，如开通农产品网上零售店、"社超对接"系统、"社校对接"系统等；合作社生产资料的采购借用互联网，开通网络采购平台，提升采购活动的效率。

无论是产品的销售，还是生产资料的采购，都是通过电子商务的交易平台来实现的，打破了农产品销售和生产资料采购的地域局限性，也降低了交易成本。交易平台对贸易双方进行身份认证后，通过标准质量检测体系对农产品进行质量检测，并向贸易双方提供信息服务、中介服务、交易服务，对整个交易过程进行监控管理，保证交易的安全性和规范性。农产品供应体系的建立，使农产品生产规模化、标准化，保证了农产品的供应；第三方综合平台的建立，保证农产品的质量以及整个交易过程安全、规范地进行；交易双方通过规范化的交易，加强彼此的合作，有助于电子商务供应链体系的建立。农产品电子商务平台供应链如图4—3所示。越来越多的省份根据自身农产品的特色，与各大知名电商合作，共建电子商务平台。如淘宝网的"特色中国"板块，云集了全国各地的特色农产品、土特产，它是典型的"农民专业合作社＋电子商务"的运作模式，不仅扩大了农产品的销路、推动了当地农村富余劳动力的就业，而且提供电商操作的相关培训课程，提高了当地农民的电子商务营销能力。

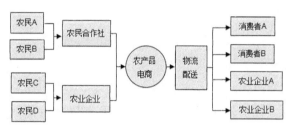

图4—3　农产品电子商务平台供应链

电子商务是和传统的商务形式相对应的一种全新的模式。从商业角度来看，电子商务包含B2B、B2C、B2B2C、O2O等多种电子商务模式类型。B2B模式，是企业与企业之间开展商务活动的主流电子商务形式。B2B电子商务平台为企业所提供的主要是信息服务和交易服务。对于农产品生产加工企业来说，可直接依托第三方B2B平台实施农产品电子商务。其主要渠道有以下几种。

（1）政府农业部门综合类网站：适合发布农产品的供求信息，强化对农业、农村和农产品进行宣传作用。特点是可以长时间进行农产品宣传，一般收费较低或者不收费，但更新速度较慢。

（2）淘宝、易趣、阿里巴巴等综合类电子商务网站：可以直接进行网上交易，开展产品的在线宣传、推广和直接销售。这些综合类电子商务网站的服务相对较周到和便捷，适合经营各种农产品，但收费一般比较高。

（3）专业化电子商务平台：开拓建设一个集网上农产品信息服务、贸易洽谈、竞价交易、电子结算、物流配送、交收服务、后台管理等功能于一体的农产品专业化电子商务平台，能为农产品流通提供政府监管、质量安全追溯等解决方案，而且平台的技术要求较低，资金投入较少，交易安全。农民专业合作社作为一个市场主体以会员方式加入专业化电子商务服务平台，就可以方便快捷地进行各种产品信息的发布和收集、在线洽谈、实体销售、网上结算、快速储运等网络全面融合的服务，积极推进形成农产品全国性的大生产、大流通格局。建立农产品电子商务交易平台，可以促进农业生产向"信息化""标准化""品牌化"的现代化产业发展，也必将促进农产品经营向"高端"方向发展，从而帮助农产品生产企业的快速成长发展，提供优质品牌的农产品，满足消费者日益增长的对美好生活的需要。

（十三）农产品期货合作社

目前，我国大部分粮食品种已经放开价格，棉花也逐步实现市场化改革，市场经济活动无不充满了风险和不确定性，尤其是农产品，生产周期长，受天气影响很大，天灾减产无收，丰收了粮多价贱愁卖，市场价格波动给农民的利益造成了很大风险。特别是我国加入WTO（世界贸易组织）以后，农民面临国内、国外两个市场的竞争，价格波动更加剧烈。

农民与商业性的公司一样，能够通过期货市场进行套期保值，来分散农产品价格风险。例如，在存在期货市场的条件下，农民在播种小麦之前，可以预先在期货市场上卖出与他预计的小麦产量数量相等的小麦期货合约。如果收获季节小麦价格下跌，农民在期货市场上的收益将能完全或部分弥补在现货市场上的损失。农民是农产品现货市场的主体，如果没有一定数量的农民进入期货市场，就很难说农产品期货市场的发育是完善的。但是，在今后较长的时间内要使一定数量的农民直接从事期货交易是不现实的。

发展农产品期货合作组织是目前发达国家常用的做法，美国、日本都有农民合作社，为农民利用期货市场规避风险提供了便利条件。美国农民参与期货市场的方式有多种，大的农场主资金实力雄厚，信息来源充足，可以直接参与期货市场，但大多数农民则是通过合作社的形式间接参与期货市场。据统计，美国目前有近2000个谷物合作社，控制了国内谷物销售量的60％。农民一般预先和合作社签订合同，将粮食按某一约定价格销售给合作社，合作社则通过期货市场规避价格风险。

农民利用期货市场的关键是把分散的农民组织起来参与期货市场，从而解决小生产同大市场之间的矛盾。我国农民无论从知识层次上，还是资金实力上，都不具有直接参与期货市场的条件。因此，我们可以借鉴国外经验，根据当地的资源优势和农业发展的特点，鼓励农民成立各种不同类型的农产品期货合作组织，由农民自己经营管理，把分散的农民组织起来。合作社可以帮助农民利用期货市场规避风险，并为农民提供更多的市场信息和有价值的建议。

（十四）中国工合国际

中国工合国际委员会简称工合国际（International Committee for the Promotion of Chinese Industrial Cooperatives，ICCIC），是国内现存历史最悠久的全国性社会组织和国际性社团组织。当年为支援中国人民抗日战争，争取海外援助，促进中国工业合作社运动，宋庆龄与国际友人发起，1939 年在香港成立中国工合国际委员会。1952 年因全国合作总社成立等，工合国际停止活动。1987 年为配合国家改革开放发展战略而恢复，1988 年党中央明确规定工合国际统战等工作由中共中央统战部指导，主要从事促进城乡合作社发展、促进国内外合作事业、扶贫、妇女培训、生态环境、灾后重建等社会公益事业。

组织的宗旨是：促进城乡合作社的发展，通过合作社实现经济与社会公平，缩小贫富差距，建设和谐社会。具体任务包括：宣传和推行国际通行的合作社原则，探索适合中国国情的合作社发展道路；促进各种类型和各种形式的合作社组织的发展；推动合作社法规、政策的调整和完善，为合作社发展营造良好的政策和法律环境；开展合作社教育和培训；提供合作社咨询服务，促进合作社支持系统的建立和发展；支持合作社理论与实践的研究；加强国际联系，促进国内外合作社交流与合作，争取对中国合作社发展的国际支援；关注和致力于减少贫困、妇女参与、生态环境保护、灾后救助、食品安全和行业自律等公益事业。

自 1987 年在北京恢复组织活动以来，中国工合国际近年来为改革开放事业再作贡献。例如，支持各地合作社的发展，组织合作社培训，促进合作社规范化建设，执行生态环境项目，实施妇女发展项目，援助灾后重建，开展国际交往，等等。

二、其他合作组织面临的问题与发展

（一）其他合作组织发展中存在的问题

可以看出，我国各种类型的合作社近年来有了较大的发展，但也存在不少问题，具体来说有以下几点。

1. 无统一统计口径

目前关于合作经济组织的统计数据中，对于其他类型合作经济组织的统计缺乏统一性，统计数据较少，内容较为笼统，成为研究其他类型合作社的障碍之一。

2. 无合法身份确认

大量的合作经济组织是在无合法身份的状态下运作的，导致合作经济组织难以与其他经济主体签订合同，难以获得正规金融机构的资金支持，使原有的资金短缺问题更为突出，阻碍了合作经济的发展步伐。

3. 合作社发展不充分，功能有待完善

目前许多合作经济组织的业务活动单一、服务领域狭窄、产业链不够长。多数合作经济组织主要是自身领域内生产者或经营者的合作，业务范围向后延伸和向前延伸的合作经济组织很少见，导致这些合作经济组织的业务能力和影响力都不够。另外，受经济实力、科技投入、市场风险等影响，大部分合作经济组织在发展加工、销售等附加值方面投入不足。

4. 人才匮乏

合作经济组织发展离不开专业人才，但是，目前在我国合作经济组织发展中，农村人口的文化水平相对于城镇人口来说总体偏低，事实上，对于合作经济组织的领办人都应该是具有创新能力、市场意识、管理经验，并且懂生产、有技术、会管理的复合型人才，而这类人才往往很难得，人才的匮乏成为各类合作经济组织发展的绊脚石。

5. 运转资金不足

大部分专业合作社的成立发展，需要投入大量的资金进行设备的购置，同时机械的折旧、维修、油料等都需要大量资金来保持运转，但是当前不少专业

合作社由于存在经营资金运转不力、资金回流不够及时等一系列的问题，容易出现资金短缺的问题，影响了专业合作社的持续发展。

（二）其他合作组织的可持续发展

合作组织的可持续发展可从以下几个方面考虑。

1. 尽快出台综合性的合作社法

要修改完善《中华人民共和国农民专业合作社法》（以下简称合作社法），使这部法律尽可能地容纳现有农民合作的内容，促进多元化、多类型农民合作社的发展。从全球来看，许多国家政府接受罗虚戴尔消费合作社原则，制定了合作社法，提倡发展合作经济，让广大弱势群体，通过互助合作提高收入水平，改善生活，走向共同富裕。根据国际合作社运动发展的成功经验，我国各级政府必须给广大城乡弱势群体组织各种合作社的结社权，让其自主地广泛发展各类合作社组织，通过互助合作，增强其求生存的能力。

我国立法部门应抓紧起草制定一部综合的合作社法，对众多弱势群体办合作社（消费合作社、住宅合作社、信用合作社、手工业合作社、运输合作社、幼儿合作社、托老合作社等）提供指导和法律保护，通过制定合作社法，促进广泛发展合作经济，以增加就业，促进和谐社会的建设。

2. 深入理论研究，统一统计口径

目前针对农民专业合作社的研究较多，针对其他类型合作经济组织的研究相对较少。随着市场经济的发展，新形式、新类型的专业合作社也在不断呈现，因此对其他类型合作经济组织的进一步研究有着积极的现实意义。在统计数据的获取上，也要统一统计口径，以便能够更全面、更详细地获取相应的统计数据，使理论研究能更直观、更深入。

3. 不要用某一固定模式限制合作社的发展

既然合作社是实践中的现实选择，那就不存在一个固定的模式，应该允许自由选择合作方式。不同类型的合作社，不管合作深度、合作内容、合作形式如何，只要对群众有益处，都应该鼓励。对于符合规范的合作社，政府可以用委托项目等方式进行鼓励，但对于不完全符合规范的合作社，要承认广大农民选择的自由，承认其合作精神和合作行为的合理性。

4. 加大对合作社发展的支持力度

相关部门如农业、工商、财政、税务、金融、交通、国土、电力、外贸、供销、粮食等单位要各司其职、相互配合，促进各部门的协调，形成一套有效的针对合作社的管理和服务系统，给予财政、税收、金融等方面的政策支持。要在充分调查研究各类合作社发展中存在的问题的基础上，采取一系列配套的政策，支持合作社的可持续发展。

首先，地方政府和各级供销社应联合高校、企业等单位，加强与合作社的协调和指导，在产业发展基础良好、农民有合作倾向，但合作方式不明朗的地区，地方政府和各级供销社要在寻找合作途径、选择合作社领办人、协助制定合作社章程等方面做一些实实在在的工作，推进合作从萌芽状态进入现实状态。其次，处于发展初期阶段的微小型合作社最渴望得到支持。乡镇经管部门要雪中送炭，在信贷资金、税收优惠、项目选择等方面给予切实支持，促进其由小变大，由弱变强。最后，县级经管部门在农闲期间要加强对合作社领导人和部门工作人员的培训，使其逐步掌握经营管理、财务会计、谈判技巧等专门知识。

三、案例分析

（一）济南市社的第一家消费合作社

济南市鲍山花园社区是在农村城镇化、农民居民化后，由 4 个村组建的新型城镇社区，拥有 4000 户 2 万人，缘于社区居民品质生活需求的提升，2020 年 1 月，鲍山花园消费合作社应运而生。

鲍山花园消费合作社由郭店供销合作社、供销新合超市、鲍山花园社区三方共建，采用会员制，按照"入社自愿、退社自由、互利合作"的原则，发展鲍山庄园社区居民为会员，会费只需 10 元。消费合作社遵循"政府主导、供销合作社主办、市场化运作、民主管理、利益共享"的原则管理运营，现已发展会员 600 户。

据区社合作指导科科长李昌栋介绍，供销新合超市共有 17 家大中型超市、151 家村级加盟店，实现了乡镇全覆盖，年盈利 698 万元。依托流通服务优势，供销新合超市鲍山店上架产品 9000 种，会员指定优惠商品 500 余种，主要包括米面粮油、日用品等基本生活用品，全部平价销售。

会员凭会员卡不仅可以购买指定优惠商品，还能参加消费合作社的会员大会，为超市经营建言献策，并享受年终盈余分配。居民不仅是消费者，还是供销新合超市鲍山店的"当家人"。由此，超市也实现了由"经营"向"经营＋服务"转型。在消费合作社的带动下，鲍山店日均销售额为4万元，比之前的2.5万元增加了1.5万元。"年底我们计划拿出日消费额的2%，约15万元，为会员返利，每人约1000元。"李昌栋介绍，供销合作社在聚起人气、财气的同时，也凝聚了民心。

有效参与社区公益服务和社区治理，不仅是消费合作社的特点，更是历城区社为农服务的创新之举，尤其在2020年新冠疫情期间，其担起了保障社区居民生活的重任。面对社区封闭管理，供销新合超市鲍山店承诺所经营商品保质量、不涨价、保供应。在人、物、车等资源都非常紧缺的情况下，供销新合超市鲍山店确保供应链不中断，稳定了居民情绪，为社区疫情防控贡献了供销合作社力量。

利用消费合作模式，可以有效便捷采集客户消费需求信息，为建立社区微商平台、云端定制服务全覆盖创造条件。消费合作社年底前将优先为1000户入社会员建立线上直采平台，然后再推广到社区全体居民中，并融入供销合作社正在建设的"村村云"电商服务网络，构建"线上订单＋线下订单＋快递物流配送"的多方位服务模式。

（二）农村集体经济改革与社区股份合作社

中国的农村集体经济组织建立是一个从未有过的理论难题。这不仅因为村庄所在地的自然禀赋、经济结构、社情民意等外部因素不一样，还在于其内部还有着复杂的人地关系，土地的所有权归集体所有，这个集体可能是村，可能是村民小组，农户获得30年不变的承包经营权，另外还有一块宅基地。而在承包地之外，还有大量的所谓机动地和荒地，有些地方还有所谓建设用地。在实行联产承包责任制的初期，面对的市场是一个农产品供不应求的市场，所以农户生产力的解放获得可观的发展成果。进入21世纪，快速发展的工业化、城市化对农业、农村和农民的挤压越来越突出，这使得农村治理弱化的问题逐步凸显出来。

改革开放以来，中国的合作经济发展有了长足的进步，但是各种合作经济组织和集体经济组织不兼容的问题正在阻碍中国形成一个完整的农村合作组织体系。我们需要依据中国的国情来构建农村经济组织结构，为农村集体经济组织进入市场提供通道。加速推进建立合作制与股份制相结合的农村社区股份合作制是适应市场经济要求的。通过各地的不断尝试与努力，我国农村集体经济有了一定的发展并取得了初步成效，形成了晋江模式、苏南模式、温州模式等，但是农村社区股份合作制改革仍处在摸索阶段。

华西村的经济发展之路是对苏南模式的扬弃，它吸收原模式的精华，又结合了现代股份制的优点，走出了一条新路。对于村民实行既可以搞集体经济又可以从事个体经营的一村两制，实行"多提积累少分配，少分现金多转制"的分配方式。这种分配方式，使闲置资金在统一经营中实现裂变增值，既避免了收入差距过大，又保证了广大农民在资产的不断增值中持续增加收益。

华西村通过"一分五统"（村企分开；经济统一管理，干部统一使用，劳动力在同等条件下统一安排，福利统一发放，村建统一规划）的办法和周围16个行政村合并组成了一个大华西村，成立华西村集团，下辖9大公司、60多家企业。现在的华西村集团正是集体控股70%，村民参股30%构成的社区合作经济模式。对超额利润按20%上缴集团公司，80%留给企业进行分配。留归企业的部分按"一三三三"比例分配，即10%奖给承包者，30%奖给技术、管理人员，30%奖给职工，30%留作公共积累。村一级的社区成员之间有一定的血缘关系，活动范围较小，较易实现对经营者的监督，在实行股份合作制的过程中，便于实行折股量化，以分为主的方式，农民也乐于接受。这种分配机制既平衡了集体、个人的利益关系，又调动了经营者和职工群众的积极性。

华西精神的核心是"创富"的使命感和"共富"的社会责任感，尊重市场是配置资源基础要素的要求，使农村集体经济组织的改革融入市场发展的循环中。但华西模式并不一定适用所有的农村社区，一方面要学习华西村发展集体经济、共同富裕的理念；另一方面要结合本地实际，因地制宜走适合本地发展的道路。

第五部分 家庭农场发展研究报告

2008 年党的十七届三中全会《中共中央关于推进农村改革发展若干重大问题的决定》首次提出"家庭农场"的概念，2013 年中央一号文件对家庭农场的概念有了新的界定，并对家庭农场提出了新的要求。2014 年中央一号文件提出要从工作指导、土地流转、落实支农惠农政策、强化社会化服务、人才支撑等方面提出了促进家庭农场发展的具体扶持措施。2015 年中央一号文件提出要着力培育新型经营主体，鼓励和支持承包土地向专业大户、家庭农场、农民专业合作社流转，发展多种形式的适度规模经营。2016 年中央一号文件指出要发挥多种形式农业适度规模经营引领作用，积极培育家庭农场、专业大户、农民合作社、农业产业化龙头企业等新型农业经营主体。2017 年农业部办公厅印发《2017 年农村经营管理工作要点》：引导家庭农场规范发展，指导各地完善家庭农场认定标准和管理办法，建立健全全国家庭农场动态名录和信息数据库。加大家庭农场扶持力度，强化家庭农场发展专项扶持措施，扶持规模适度的农户、家庭农场稳定流转土地、整合土地资源、改善基础设施、提高经营能力。推动建立健全家庭农场的财政、金融、用地等扶持政策。2018 年中央一号文件明确提出，实施新型农业经营主体培育工程，培育发展家庭农场、合作社、龙头企业、社会化服务组织和农业产业化联合体，发展多种形式适度规模经营。2023 年中央一号文件进一步指出，支持家庭农场、农民合作社和中小微企业等发展农产品产地初加工，支持家庭农场组建农民合作社、合作社根据发展需要办企业，带动小农户合作经营、共同增收。一系列的政策措施引导支持了我国家庭农场健康稳定发展。

家庭农场作为一种新型农业经营主体，以农民家庭成员为主要劳动力，以农业经营收入为主要收入来源，利用家庭承包土地或流转土地，从事适度规模化、集约化、商品化农业生产。这种形式保留了农户家庭经营的内核，既坚持了家庭承包责任制的基础地位，又有利于克服传统农业土地细碎化、经营效益低的不足，是发展农业适度规模经营的有效形式，适合我国基本国情，符合农业生产的特点，契合农业现代化发展的趋势，家庭农场的兴起和发展是适合我国农村生产力和生产关系发展阶段的产物。

一、家庭农场的实质内涵

（一）家庭农场的概念

2013年中央一号文件提出，坚持依法自愿有偿的原则，引导农村土地承包经营权有序流转，鼓励和支持承包土地向专业大户、家庭农场、农民合作社流转，发展多种形式的适度规模经营。作为一种新型农业经营主体，家庭农场通常定义为：以家庭成员（夫妻、父子、兄弟）为主要劳动力，从事农业规模化、集约化、商品化生产经营，并以农业收入为家庭主要收入来源的新型农业经营主体。

家庭农场主要有四大特征。一是家庭经营。家庭农场主要依靠家庭成员从事生产，即使有雇工也只发挥辅助作用。二是专业务农。家庭农场专门从事农业生产，主要进行种养业专业化生产，经营管理水平较高，示范带动能力较强，具有较强的商品农产品生产能力。三是以集约生产为手段。家庭农场经营者具有一定的资本投入能力、农业技能和管理水平，能够采用先进技术和装备，经营活动有比较完整的财务收支记录。这种集约化生产和经营水平的提升，使得家庭农场能够取得较高的土地产出率、资源利用率和劳动生产率，对其他农户开展农业生产起到示范带动作用。四是规模适度。由于家庭农场有较大的种养规模，能够使经营者获得与当地城镇居民相当的、比较体面的收入。

（二）发展家庭农场的意义

1. 有利于提高农业经营效率

党的十九大报告提出了要保持土地承包关系稳定并长久不变，第二轮土地承包到期后再延长30年，同时还提出要实现小农户和现代农业发展有机衔接。

这一论述明确指出家庭经营依然是中国现代农业经营的基础,实施乡村振兴战略,只有在坚持农户家庭经营的基础上才能实现。"农业劳动不仅需要丰富的经验和技术,更需要高度的责任感、自觉性、主动性和灵活性。而家庭特点与农业生产特点相吻合,决定了家庭是经营效率最高、风险最小、成本最低的农业经营方式。"

2. 有利于促进农村土地的适度规模化经营

当前农村土地流转困难的一个重要原因在于随着城市化进程的加快,农村土地价值日益凸显,农民对手中的土地价值有较高的预期。由于农户担心土地流转的风险和交易成本,宁愿土地抛荒也不愿意流转手中的土地。家庭农场经营者一般以本地村民为主,农村宗族关系和血缘关系的道德约束作用使家庭农场经营者具有较高的可信度,降低了土地流转的风险和交易成本,因而更有利于土地流转。家庭农场等以农民为主体的农业适度规模经营主体的发展壮大,也有利于抵制工商业资本进入农业挤占农民利益的不良倾向。

3. 有利于缩小城乡收入差距

家庭农场是专业务农的市场化新型农业经营主体,以收益最大化为目标,按照企业管理模式来核算成本、加强管理,可以降低生产成本,促进农业集约化、商品化发展,从而改变作为微观主体的农户在市场谈判中的弱势地位,提升农户在市场中的竞争力,有效克服农业小生产与社会化大生产、大市场经济、规模效益之间的矛盾,为农户经济与现代农业和市场经济之间架起一座桥梁,使农户在农业价值链分工下的利益分配格局中处于有利地位,有利于提高农业生产经营效益,增加农民收入,缩小城乡收入差距。

4. 有利于吸纳农村剩余劳动力,促进农村剩余劳动有序转移

一方面,在我国目前农业生产技术水平不高的条件下,家庭农场仍然需要较多的劳动力,特别是在农忙时期。家庭农场经营者一般以本地村民为主,农村普遍存在的宗族关系和血缘关系使农场经营者倾向于在农忙时雇用当地劳动力特别是留守在农村的老弱妇劳动力。另一方面,家庭农场具有较高的经营效益,能够吸引一部分农村青壮年劳动力留在农村从事家庭农场生产经营,有利于避免农村劳动力无序盲目流向城市。而农村剩余劳动力向城镇的有序转移,又为家庭农场扩大生产经营规模、发展壮大创造了有利的条件。因此,发展家庭农场有利于农村富余劳动力平稳有序转移,促进新型城镇化和农业现代化协调发展。

5. 有利于农产品加工企业生产原料的有效提供

家庭农场专注于农业生产环节，是商品性农产品的主要提供者。农产品加工企业获得生产原料、发展订单农业，更加愿意与家庭农场这样有规模的原料供给者打交道，使其原料供给在数量和质量上成本更加低廉、供给更加稳定。实践中，很多龙头企业都将家庭农场作为原料基地，克服小规模农户生产经营波动大、生产方式不规范和质量安全难保障且违约率高的风险和缺陷。根据全国家庭农场监测数据，2016年2998家家庭农场中有近1/4（24.39%）与龙头企业有联系；在与龙头企业有联系的农场中28.39%的农场获得了龙头企业的技术指导，21.15%的农场获得了农产品销售。

6. 有利于生态农业技术的使用和农业绿色发展

根据全国家庭农场监测数据，2016年进行灌溉的种植类和粮食类家庭农场中，采用喷灌技术（含微喷、滴灌、渗灌）进行灌溉的农场占比分别为36.59%和19.50%；亩均化肥用量低于或者等于周边农户的农场合计占83.93%。就亩均化肥用量而言，至少40%的家庭农场在"减量"使用；418家养殖类农场中，利用粪便发酵做有机肥、饲料和沼气，或者运输到附近加工厂再进行资源化、综合循环利用和无害化处理的农场占比近八成（79.05%）。

二、家庭农场的发展示例

"家庭农场"是一个非常广泛的概念，我国幅员辽阔，各地自然气候、环境资源、经济发展状况差异很大。我们从地理环境、大农业资源和经营方式等经营角度，对今后在国内可能会发展起来的家庭农场的主要类型进行简单的盘点和说明。

（一）根据地理环境的差异

1. 都市型家庭农场

位于都市边缘的休闲型家庭农场，其区位好、交通便利；农场主有较为专业的能力；自然条件优异，基础设施完备，主要满足城市居民休闲放松，提供养生、生态教育、欣赏田园风光的服务。

2. 过渡型家庭农场

位于城市"卫星"的乡镇，以设施农业为主要经营业态；区位好、投资大、收益和风险并存、可以建立新的经营模式、可以培育消费者新的观念，不会受限于传统农业的旧观念，吸引消费者以更高的价格购买新创意农产品。

3. 乡村型家庭农场

更趋向于传统农业文化，属于体验型的农业；着重展示乡村具有的传统文化、乡村独有的特色农业、乡村的传统节庆等；在繁荣乡村经济、传播农耕文化的同时，承载着建立特色乡村、提升农民社会地位的任务。

4. 偏远型家庭农场

一般远离城市、交通不便、人口稀少、农业资源结构较单一、农业用地成规模、污染少、生态资源保护较好，适合发展较大规模、单一品种、集约化、机械化的"家庭农场"；发展突破口是：基础设施建设（道路、水利等）、品种改良。

（二）根据大农业资源的区别

根据大农业资源可分为五种类型：家庭农场、家庭林场、家庭牧场、家庭渔场及其他类型（如家庭果园、家庭菜园、家庭茶园、家庭咖啡园、家庭药材园、家庭菌园、家庭花园、家庭桑蚕园、家庭苗圃、家庭养殖园等）。

（三）根据经营方式的不同

1. 单纯生产型

单纯生产型的家庭农场，以农产品的种植、养殖为核心，以出售初级农产品为主要经济来源。

2. 参与互动型

参与互动型的家庭农场，利用农业景观、自然生态和环境资源，结合农、村、生产、农业活动、农业文化及农业生活，提供除农产品以外的互动参与，集农业生产、农村生活和农产品加工等于一体的家庭农场，如家庭观光农场、家庭教育农场、家庭休闲农场、家庭加工农场等。

我们对一些较有代表性的家庭农场进行了调查和总结，具体情况如表5-1所示。

表5-1 家庭农场发展示例

代表地区	每个农场/户	户均/亩	年收入/万元	特点
上海松江	1200	100～150	7～10	政府推动，土地流转比例高；持证上岗，培育职业农民
浙江宁波	600	＞5	50	市场主导，成立公司；有自主商标
安徽郎溪	216	＞5	10	可通过租赁、承包或者经营自有土地实现规模经营
湖北武汉	167	15～500	20	以承包、投资入股等形式，集中分散的土地实现规模经营
吉林延边	451	1275	＞10	享受国家扶持政策较多；税收优惠

上海市松江区采取以农户委托村委会流转的方式，将农民手中的耕地流转到村集体。土地流转到村委后，由区政府出面将耕地整治成高标准基本农田，再将耕地发包给承租者。

浙江省宁波市作为最早探索发展家庭农场的地方之一，其家庭农场发展的最大特点是市场自发性。20世纪90年代后期，一些种植、养殖大户自发或在政府引导下，将自己的经营行为进行工商注册登记，寻求进一步参与市场竞争的机会，从而演变成家庭农场。

从2009年起，安徽省郎溪县连续3年安排项目资金90万元，在全县优选10个家庭农场，每年为每个农场投入项目资金3万元，开展示范家庭农场建设。实行家庭承包经营后，农民家庭通过租赁、承包或者经营自有土地实现规模经营的形式。成立"郎溪县家庭农场协会"，创建科技示范基地，目前已创办示范农场20个。

2011年确定湖北省武汉市"支持发展家庭农场等新型经营模式"，鼓励农村有文化、懂技术、会经营的农民，通过承包、投资入股等形式，集中当地分散的土地进行连片开发。家庭农场主必须是武汉市农村户籍农户，具有高中及以上文化水平等，按用地分类实施农业生产模式。

从 2008 年开始，吉林省延边州在全州范围内探索"家庭农场"模式。农村种田大户、城乡法人或自然人，通过承租农民自愿流转的承包田创办的土地集中经营的经济组织。可享受各项国家农业财政补贴政策，实施相关税收优惠政策等。

三、家庭农场认定标准

（1）土地流转以双方自愿为原则，并依法签订土地流转合同。

（2）土地经营规模：水田、蔬菜和经济作物经营面积 30 公顷以上，其他大田作物经营面积 50 公顷以上。土地经营相对集中连片。

（3）土地流转时间：10 年以上（包括 10 年）。

（4）投入规模：投资总额（包括土地流转费、农机具投入等）要达到 50 万元以上。

（5）家庭农场经营者准入条件：

①户籍条件：具有本镇户籍的农业户口家庭，至少有 2 名家庭成员共同经营。

②年龄条件：男性 25～60 周岁，女性 25～55 周岁，其中须有 1 人年龄在男性 57 周岁以下，女性 52 周岁以下。身体健康，有劳动能力。

③技能条件：取得农机驾驶证以及农业产业化经营资格的专业农民培训证书，或经过培训取得水稻、二麦、油菜、绿肥等四门以上单科结业证书。

④经营能力：具备相应的生产经营能力和一定的农业生产经验，掌握必要的农业种植技术和熟练使用农机具；有承担风险和预付土地承包费的能力，在村民中有较好的信誉。

（6）不同类型家庭农场的规模要求：

①种植业：经营流转期限 5 年以上，并集中连片的土地面积达到 30 亩以上，其中，种植粮油作物面积达到 30 亩以上。水果面积 50 亩以上，茶园面积 30 亩以上，蔬菜面积 30 亩以上，食用菌面积达到 1 万平方米，或 10

万袋以上。

②禽畜业：生猪年出栏1000头以上，肉牛100头以上，肉羊500只以上。家禽年出栏10000只以上，家兔年出栏2000只以上。

③水产业：经营流转期限5年以上，且集中连片的养殖水面达到30亩以上，特种水产养殖水面达到10亩以上。

④林业：山林经营面积500亩以上，苗木花卉种植面积30亩以上，油茶80亩以上，中药材种植30亩以上。

⑤烟叶：种植面积达到200亩以上。

⑥综合类：

a. 种养结合的综合性农场，应含种植业、禽畜业、水产业、林业、烟叶类型中的2种以上，并且每种类型达到相应规模的1/2以上。

b. 集旅游、特色种植、休闲观光为一体的综合性农场，面积10亩以上，餐饮住宿设施齐全。

（7）有符合创办专业农场发展的规划或章程。

（8）家庭农场技能培训、财务收支记录、示范带动等标准。

此外，浙江省、安徽省等省还出台了示范性家庭农场的认定办法。例如，《浙江省示范性家庭农场创建办法（试行）》规定，省示范性家庭农场创建必须是县级以上示范性家庭农场、专业从事农业生产3年以上；采用先进实用技术，先进科技应用面达到90%以上；土地产出率、劳动生产率高于同行业全省平均数30%以上。《安徽省示范性家庭农场认定办法（试行）》规定，粮油集中连片规模在200亩以上，土地流转年限在5年以上；家庭农场年纯收入10万元以上，其成员年人均纯收入高于本县（市、区）农民人均纯收入40%以上。

乡（镇）政府对辖区内成立专业农场的申报材料进行初审，初审合格后报县（市）农经部门复审。经复审通过的，报县（市）农业行政管理部门批准后，由县（市）农经部门认定其专业农场资格，做出批复，并推荐到县（市）工商行政管理部门注册登记。

家庭农场认定标准明确，对一味追求土地经营规模、资本雇工农业变身家庭农场等现象有了更好的整顿，有效避免"冒充"家庭农场的现象。这对我国家庭农场的健康快速发展具有非常重要的意义。

四、家庭农场与其他经营类型的关系

（一）家庭农场与小农经营的关系

在众多的研究中，小农经营与家庭农场的关系始终是一个绕不开的问题，主要原因在于各国人均土地面积的巨大差异。如联合国粮农组织（FAO）就将小农经营归为家庭农场的类别中。由于土地的集体所有属性，导致家庭农场与小农经营在土地所有权层面上的根本特征是一致的，且前者是后者的一种延伸。但就两者的表现形式和表现特征而言，家庭农场与小农经营（小规模经营）有着天壤之别，我们可以选取经营的规模化、专业化、商品化和社会化四个维度进行比较（见表5-2）。

表 5-2　小农经营与家庭农场的不同维度比较

指标	规模化	专业化	商品化	社会化
小农经营	自有土地为主	兼业经营	自给自足为主	程度低
家庭农场	流转土地为主	专业经营	市场销售为主	程度高

从不同维度进行比较，小农经营无论是土地经营规模、专业化和商品化程度以及社会化程度都明显低于家庭农场经营。土地流转机制下的土地集中形成的规模效应是家庭经营的基础，由此形成了以市场为导向的商品化趋势，而专业化与社会化的经营特征则降低了经营的管理成本。简言之，家庭农场是小农经营的升级，这种升级已经出现了质的飞跃。

（二）家庭农场与职工家庭农场的关系

当前，无论是农民专业合作社还是专业大户或是家庭农场，都是在家庭联产承包责任制的基础上演变而来。这种演变的过程不仅是经营规模的扩大，还包括产品的市场导向和生产过程的现代化与专业化等方面，而在国营农场中发展职工家庭农场本质上是家庭联产承包责任制在国营农场中的表现，职工家庭农场实际是有较大生产规模的承包大户，是大农场里的小农场。因此，从这个意义上讲，家庭农场与职工家庭农场有着很深的发展渊源，两者在产品的商品性这个核心特征上存在一致性（见表 5-3）。

表 5-3　职工家庭农场和家庭农场的不同维度比较

指标	职工家庭农场	家庭农场
土地形成	国营农场（国有土地）	租赁为主，自有土地为辅
生产规模	规模较大	规模适度
产品属性	商品交易为主	商品交易为主
组织主体	职工家庭	农户家庭
经营领域	粮食、橡胶生产为主	种植业为主
风险负担	自负盈亏	自负盈亏

但是家庭农场与职工家庭农场在土地所有权和产品用途方面还存在一定区别。家庭农场土地集体所有，职工家庭农场土地全民所有；家庭农场拥有产品的完全支配权，职工家庭农场拥有产品的部分支配权，部分产品要根据国营农场要求定额上交。虽然两者的土地权属不同，但从另一个角度讲，两者都没有土地所有权而只有使用权，这是区别也是共性；在此基础上，职工家庭农场经营的土地属全民所有理应上交部分产品作为使用土地的费用。因此，家庭农场的提法应该追溯到 20 世纪 80 年代提出的职工家庭农场，两者在时间上存在连续关系，空间上存在延展关系，特征上存在共性关系。

五、家庭农场代表地区相关数量统计及典型案例分析

（一）家庭农场代表地区相关数量统计

截至 2021 年 9 月底，全国家庭农场超过 380 万个，平均经营规模 134.3 亩。农业农村部对全国 3000 户左右家庭农场的监测分析显示，家庭农场在农民合作社组建运营、发展订单农业，带动小规模农户改进生产技术、降低成本等方面发挥了核心作用。

家庭农场已成为农业合作经济组织发展的助推剂。农业农村部的家庭农场监测显示，截至 2018 年 6 月，我国共有 36.97% 的家庭农场加入了合作社。

由于家庭农场经营者专业素质较高、更懂农业技术、善于经营管理，在农民合作社组建和运营中也更愿意发挥核心带头作用。

目前，我国的家庭农场主要分布在经济发达的东南省区和城市郊区，代表地区有浙江省、上海市、湖北省、安徽省、吉林省等。经各省网站查询，选取以下 10 个代表省份及管辖市（见表 5－4）。

表 5－4　家庭农场各省及管辖市发展概况

省份及管辖市	家庭农场（家）
河北省定州市（2019.3）	727
湖北省宜昌市（2018）	15780
安徽省（2019.6）	100000
上海市松江区（2017）	1119
江苏省（2018.4）	42353
浙江省（2016）	29172
黑龙江省（2015）	28604
山东省新泰市（2019）	2010
湖南省（2018）	39065

（二）典型案例分析

农业农村部办公厅推介了第一批全国家庭农场典型案例，共有 26 家农场入选，山东省郯城县农大家庭农场是其中之一。

农大家庭农场位于山东省临沂市郯城县归昌乡陈庄村，创办于 2014 年，主要从事小麦、水稻种植及稻米加工与销售。农场主陈龙于 2001 年返乡投身农业生产，利用自家承包和流转的 29 亩土地种植水稻和地瓜。2003 年，陈龙流转了 160 亩"撂荒地"，凭借精细化管理，获得了粮食大丰收，挖到了规模经营的"第一桶金"。此后不断扩大生产规模，拓展经营项目。农大家庭农场先后被评为"临沂市示范家庭农场""山东省家庭农场示范场"。

农大家庭农场秉承规模化生产、品牌化经营、社会化服务的理念，坚持开展绿色生产、品牌营销、托管服务，取得了良好的经济效益、社会效益及生态效益，具有较强的示范性和地区影响力。

1. 适度规模，节本增效

农大家庭农场根据自家劳动力情况，在实践中不断摸索生产经营的最佳规模，将土地经营面积稳定在230亩，在规模化生产的同时可以精细化管理。农场配备了无人机、自走式打药机、收割机、水稻苗床粉土机、插秧机、整板机等农用机械，降低了劳动力成本。在完成农场作业之余，对外提供水稻育秧、插秧，打药飞防等农业生产托管服务，降低成本的同时实现了多元化经营创收。

2. 绿色生产，严保品质

农大家庭农场坚持绿色种植、可持续生产的原则，确保农产品质量过关，农田地力用养兼具。选用优质品种，推广采用物理灭虫、稻茬麦免耕条播、"一喷三防"等技术，减少化肥、农药施用。2018年，农场将生产的稻米送至山东省农业农村厅检测中心自费进行质量检测，确保稻米绿色无害，产品优质。同时，农大农场注重土地平整和地力培育，避免掠夺式生产。

3. 优质肥料，优购巧施

农大家庭农场为保证农业生产环境绿色、过程绿色、产品绿色，在化肥施用环节减少普通复合肥施用，根据土壤含量，测土配方施肥。同时，增施有机肥，喷施硒元素，施用锰、锌、硅等微量元素，生产具有独特市场需求的绿色富硒农产品。农大家庭农场在肥料的选取和采购方面，与地方农技推广中心对接，严格把控肥料的来源与质量。在外包服务和托管服务过程中使用、推广优质肥料，实现优价优购。

4. 高效飞防，严把用药

不同于普通小农户凭借个人生产经验进行多次、多量施药，农大家庭农场与当地农技部门密切联系，在打药飞防环节使用物理灭虫、无人机飞防，根据农业生产时机，严格把控施药时间和用量，降低生产成本，实现生态保护。农大家庭农场在田间安装了8台频振式太阳能灭虫灯，减少田间害虫基数，降低病虫害发生率。在密切关注气象信息基础上，与当地农业技术人员保持实时沟通，把握用药时机，保证药效充分发挥。

5. 多方合作，品牌营销

2016年以前，农大家庭农场生产的稻米全部被当地米业有限公司作为原粮收购并进一步加工销售。2017年，注册了自有品牌，将农场生产的稻谷包装成"郯陈"牌大米进行销售。2018年获得临沂市姜湖贡米米业有限公司山东省著名商标——"姜湖"商标的授权,实现了"郯陈"商标的延伸。农场扩大加工规模,加工农场生产的稻谷,包装成"姜湖郯陈""姜湖富硒"牌大米,以每公斤6～18元的价格销售,提升了产品价值,增加了经济效益。

6. 重视科技,善于创新

自2014年开始,逐步引进架设了可视化大田监控系统,购买并应用智能灌溉设备,实现了远程控制浇水作业和大田物联网"智慧农业"。伴随农业技术在农大家庭农场中的使用范围日益广泛,农场实现了对田间作物的远程监控管理。通过将手机App与监管系统相连,可以随时随地了解农场的农业生产作业情况,对保证农场的作业质量、宣传服务效果具有较好的促进作用。

7. 多元经营,拓展服务

农大家庭农场在生产经营过程中,为解决周边农户无劳力、无技术的问题,创新经营模式,积极开展针对小农户的农业生产托管服务。同时,农大家庭农场2015年开始与当地的农机合作社及具有农业机械和生产技术的个人合作,不断拓展社会化服务覆盖面积。2018年,提供育秧服务面积达2000亩、插秧服务面积达900亩、水稻打药飞防环节服务面积达1600亩、小麦打药飞防环节服务面积达1500亩、全环节托管面积40亩。农大家庭农场社会化服务不仅解决了周边小农户面对大市场的难题,而且通过技术培训、标准化生产、吸纳就业、订单收购等模式探索出了家庭农场为小农户提供技术和服务,与合作社和大型大米加工企业联合发展的家庭农场新型经营方式。

8. 责任担当,农业扶贫

农场积极承担起对周围困难群众的帮扶工作。面对困难群众和无劳力户,主动赠予大米等生活物资,在生产环节免费或低成本提供代育秧、机械插秧、植保飞防和作物收获等服务,并帮助解决粮食销售问题。2017年,当地小麦大面积暴发条锈病时,农场不仅将自己托管服务的小麦及周围群众的小麦完成了防治,还联合有无人机的朋友,组织15架无人机远赴河南参与小麦条锈病的防治攻坚,不收服务费,只为减缓农民灾情,得到了当地高度赞扬①。

---

① 第一批全国家庭农场典型案例之三:山东郯城县农大家庭农场:科学种粮与生产服务"两手抓"[J].中国农民合作社,2020,128(1):64-65.

六、家庭农场发展的制度动因与制度供给

家庭农场作为一种制度安排，其制度动因和现实条件包括家庭农场发展的制度动因和制度供给以及具体的条件。

（一）家庭农场发展的制度动因

1. 制度变迁的不确定性

制度变迁本身是不具备确定性的，即中国农业经营的方向是一个需要不断探索才能最终确立的过程，这就需要在制度渐进变迁的过程中尽量规避可能的风险。相较于欧美官方对家庭农场做出的规范性定义，中国政府对家庭农场没有给出确定的概念界定，使用的是农业农村部提供的框架性说明。同时，考察2013 年中央一号文件，家庭农场并非作为单一的经营形式出现而是与专业大户、农民合作社并列提出。以上种种都可以解读为政府部门对于农业经营形式改革是一个探索的过程，即多元化的经营方式虽可能造成管理上的不便，但是对于制度变迁则是相对可靠的选择。因此，制度变迁过程中的不确定性是家庭农场出现的一个重要动因。

2. 小农户经营向家庭农场转变的内在动因

农业的本质是动植物的生产和再生产，农业活动的根本特征是利用有构造的生命自然力进而利用其他自然力的活动。这种生产和再生产的过程受自然因素影响极大，难以实现工厂化的人为控制，这就需要农业生产者和经营者的身份尽可能要保持一致。在工业化和城镇化发展初期，农业劳动人口众多，人多地少的局面难以有效改变，农业劳动力的综合素质以及农业机械化水平较低，这些因素都制约着家庭农场的发展。但是一旦出现土地闲置的情况，农民对土地的敏感性与规模农业发展的其他要件进行组合，就会直接引发家庭经营规模的扩大。就这个意义而言，家庭农场是生产规模更大、商品化更高、农业收入更多的家庭经营方式。

3. 诱致性制度变迁是家庭农场的基础动因

新制度经济学认为，诱致性制度变迁指的是一群（个）人在响应由制度不

均衡引致的获利机会时所进行的自发性变迁。研究表明，新中国成立以来农村有效率的制度变迁主要是诱致性制度变迁。就家庭农场的发展而言，诱致性制度变迁中的"获利机会"主要是指农村资源分配出现了有利于变迁的变化，农村耕地资源的相对增加、农业与市场的密切和农业技术的提高与普及等现实条件都是家庭农场发展的诱致性变迁机会。较之于强制性制度变迁，由于诱致性制度变迁属于一种自下而上自发的变迁过程，其变迁的过程更为温和。家庭农场的发展是一种典型的诱致性制度变迁，其优势在于良好的外部环境且这种外部环境能感知这种变迁，并迅速做出新的制度安排。

（二）家庭农场发展的制度供给

1. 土地流转制度是家庭农场发展的基础因素

农民工转移进城催生了土地代耕、闲置甚至撂荒现象的出现，但是在土地流转政策不明确的情况下，土地对农民生计保障的兜底作用会使其难以放心地将土地流转出去，因为大量的候鸟式农民工必须保证自己在城市找不到工作的情况下能够回到农村通过土地维持生计。这样，大量的土地会以代耕或者短期出租的形式利用。这一方面造成了家庭农场经营者对承包预期的担忧，难以实现规模经营，即使能够实现短期的规模经营，也可能因为对预期不明的担忧而采取掠夺式的农业生产，破坏土地资源；另一方面分散的土地产生了较高的田坎系数（田埂面积占耕地总面积之比），从而造成土地浪费。发展家庭农场必然要求土地流转政策的规范。当前，土地流转政策是建立在农村土地集体所有不变基础上的，而长期不变的农村土地承包制度则起到了农民工返乡就业"蓄水池"的作用。因此，对土地权属的确认和对流转期限的保障成为土地流转政策的重点。2003 年 3 月 1 日起实施的《中华人民共和国土地承包法》明确规定了在平等协商、自愿、有偿的原则下进行土地承包经营权流转，规定了流转方式、发包方和承包方的权利及义务以及承包合同的制定等方面。2005 年 3 月 1 日起实施的《农村土地承包经营权流转管理办法》进一步细化了土地流转各项规定在实际中的运作方式。与此同时，各地根据本地实际情况制定了土地流转规定，主要内容是对土地流转办法的细化。以家庭农场发展成熟的上海市松江区为例，2013 年松江区政府出台了《关于进一步巩固家庭农场发展的指导意见》，对土地流转进行政策指导。松江区政府作为土地流转的枢纽，很好地协调了土地承包者和家庭农场经营者之间的关系，解除了土地流出者和流入者对土地使用权归属和经营期限的担忧，促进了土地流转的顺利进行。

2. 社会保障制度促进了土地流转

中东部经济较为发达的农村地区，土地能够顺利流转有政策性的因素，同时也需要从农民生活保障体系完善的角度考察。农民预期收入不足给土地赋予了较强的社会保障功能，土地对处于"钟摆式"就业状态的农民工而言能够使其"进退有据"。千百年来，土地始终是中国农民安身立命的依靠，将土地的使用权在一个较长的时间段内流转给家庭农场经营者意味着在这个期间内农民与土地的紧密度下降。紧密度下降的原因主要有两个：①流转土地带来的财产性收入与外出务工收入的总和远大于只从事农业劳动的收入；②城乡劳动力流动渠道顺畅，农民能够在一个时期内获得大于只从事农业劳动收入的就业机会。因此，农村土地承包权长期不变的政策性保障加速了农村土地流转。

3. 城镇化政策促进了家庭农场发展

土地是财富之母，更是农业发展的基础。在经过 30 多年的高速发展后，工业化和城镇化引发的非农就业人口增加直接导致农村土地出现大量闲置，这为农业规模经营提供了最基础的要素。由于农村劳动力出现大量的非农就业，越来越多的土地流转使得适度规模生产的家庭农场成为可能。这些农场由此达到自家劳动力充分就业的规模，一反过去因土地稀缺而处于"劳动力过剩"或"就业不足"的状态。在中国家庭农场发展较好的地区也大多是城镇化水平较高的地区。以上海市松江区家庭农场的发展为例，2020 年松江区的城镇化率就达到了 87.60%，松江区家庭农场户数 838 户，总经营面积 13.4 万亩，户均经营面积 160.2 亩。而工业化和城镇化的推进反过来也需要更多优质农产品，这就间接带动了家庭农场的发展壮大。城乡一体化进程将大大促进统一的劳动力市场发展，这一方面可以进一步推动农村劳动力职业分化，促进土地流转与集中；另一方面也可以满足家庭农场的雇工需求，推动农业的商品化、产业化经营。因此，不难得出一个结论，那就是在中国这样一个人多地少的国家发展家庭农场必须以工业化和城镇化为开拓力量。

4. 职业农民和社会服务体系是家庭农场发展的支撑

家庭农场的发展离不开职业农民的成长、农业机械化水平的提高和社会综合服务体系的健全。这些因素为家庭农场的发展提供了主客观的准备。农业生产的特性直接决定着家庭农场的生产者和经营者尽可能一致，而农业的周期性特征则将家庭农场的经营者和土地紧密地联系在一起，职业农民的出现和发展适应了家庭农场的要求。家庭农场以家庭成员为主要劳动力则要求其必须具备借助机械化的手段。以上种种都要求家庭农场的经营者尽可能地将农业生产和经营作为一种职业而不是兼业农民。

农业机械化水平的提高和社会化服务体系的健全为家庭农场的发展提供了外围支撑。家庭农场生产对象的复杂性和风险性决定了家庭农场的发展必须依赖综合的手段，包括政策支持、机械化生产以及包括农业保险在内的社会服务等。在中国中东部家庭农场发展较好的地区，平坦的地形条件配合较高的机械化水平对于提高农业生产率起到了重要作用。而社会化服务体系能够降低家庭农场与市场的交易成本。优质的政策供给和社会化服务为家庭农场的发展提供了很好的保障。这样以家庭农场发展为核心的农业发展体系也会逐步建立，农村土地得到整治，机械、农药、化肥、种子、保险等农业服务行业也能得到较好的发展。

七、家庭农场制度设计中的核心问题

（一）身份问题

家庭农场是不是一种独特的组织形态，虽然存在，但在现有的制度范围内，并没有给予其明确的回答，因此家庭农场的发展实际上是一种制度创新。浙江的实践回答了这一问题。

在浙江省慈溪市，家庭农场发育良好，以种植商业化价值高的蔬菜瓜果为主，商品化农业发达。其产品主要销售渠道是出口。在与市场上其他主体特别是国外企业打交道的过程中，家庭农场相当于给予了单个农民家庭一张有效的身份证，这张身份证就如同企业具有的一样。工业的发展以企业为载体，商品化农业的发展则必将以家庭农场为载体。因此，浙江的家庭农场都在工商登记，成为一个法人化的主体。家庭农场的法人化，也成为浙江模式的重要特征。

从国家治理农业的角度而言，家庭农场的法人化，显然是有助于国家掌握农业发展的基层信息，以及构建新的农业经营主体，以承载现代农业发展的目标。因此，家庭农场的发展，至少要指向以下三个目标：一是粮食安全和农产品的稳定供给；二是农产品的质量安全；三是可持续发展。

（二）雇佣问题

农业农村部对家庭农场的定义中，明确指明家庭农场是：以家庭劳动力为主，而不是以雇佣劳动力为主。主要原因就在于，家庭劳动力的投入是农业生产中效率最高的劳动力供给方式，也是成本最低的方式，家庭农业下的农产品是最具有竞争力的，家庭劳动力的不计成本，是中国发展中的人口红利，在农业领域的表现，但一直受到忽视，长久以来中国经济的崛起，学界通常只注意到廉价劳动力供给给沿海发展带来的奇迹，但是在农业领域，这种人口红利也为农产品的长期稳定供给和保持正常的物价水平作出了贡献。

农业中的人口红利，短期内并不会消失。我们在土地大规模流转的地区看到，不少无法外出打工的老人，成为在农业企业、农业大户基地上的打工者，实际上，若是他们自己经营，传统的精耕细作并非缺乏效率，只需政府解决好农业发展中的公共品供给问题。家庭农场既然是为了促进家庭农业的发展，就是考虑到了这种人口红利，因此家庭农场的规模，必然受到家庭劳动力的限制。

（三）规模问题

家庭农场的规模，因区域和发展的模式而异，但是原则只有一条：要受到家庭劳动力的限制，不以雇佣劳动为主。不少地方对家庭农场的最低规模纷纷做出要求，而对规模上限持宽容的态度，认为规模越大越好。

实际上，规模问题并不是家庭农场发展的核心问题，如果坚持家庭农场不以雇佣劳动为主，那么家庭农场的规模，自然会有一个上限要求，反而下限则不是那么重要。因为农户家庭会根据资本积累的状况、劳动力的状况和土地租赁市场的情况，选择一个最佳的规模。因此，家庭农场的规范化发展，一定要对家庭农场的上限做出要求，否则会导致资本下乡损害农户家庭发展的利益。

八、我国家庭农场的发展现状

当前我国家庭农场的发展除了具备一般意义的特征之外还表现出了自身的特点，这些特点反映了我国经济社会发展的现状。

（一）土地所有权和经营权分离

土地所有权和经营权的分离是中国家庭农场发展的基本特征。作为土地流转的对象，农村土地的所有权为集体所有，家庭农场经营者流转而来的土地只有使用权而没有所有权，这是与西方发达国家家庭农场实行土地私有制的根本不同点。在中国这样一个农业大国，坚持农村土地集体所有制对于稳定农村发展农业有着极其重要的意义。根据 2014—2018 年全国家庭农场监测数据，家庭农场流转土地不是直接与每个转出户进行流转，而是通过某种中介组织进行土地流转，采用这种流转方式的农场占比逐年增加，到 2018 年约有 2/3 的农场间接流转土地。采用书面流转合同的农场占比 96％左右。而流转合同期限则以 10 年以下为主，10 年以下流转合同面积占比 70％～85％，10 年以上期限的流转面积占比逐年下降，30 年以上的也呈下降趋势。流转租金呈逐年上涨态势，2018 年每亩租金在 700～900 元，中位数租金则基本稳定在 500 元/亩①。

（二）具有一定的探索性

家庭农场在我国已经经历了 30 多年的发展，但是 21 世纪之前的家庭农场更多地局限于国营农场，范围扩大到全国农村的家庭农场是一个新的研究课题。考察美、法、日、俄、英等国，对于家庭农场均有着较为明确的定义。但是迄今为止，学界与官方并未形成对家庭农场统一的概念，农业农村部 2013 年对全国家庭农场调查的指标成为官方界定的唯一参考，而全国各地兴起的家庭农场也千差万别，各地根据本地实际发展家庭农场形成的 5 种模式也在一定程度上印证了当前的家庭农场发展具有一定的探索性。

（三）规模较小

城镇化的推进能够促进农村人口转移，从而空置出更多的土地进行规模化生产。但是 2021 年我国常住人口城镇化率仅为 64.72％左右，而在中西部地区这一比重更低。当前中国的城镇化处于加速推进期，城镇化率与发达国家相

---

① 郜亮亮. 中国种植类家庭农场的土地形成及使用特征——基于全国 31 省（自治区、直辖市）2014～2018 年监测数据 [J]. 管理世界，2020，36（4）：181－195.

比仍处于较低水平，这就从根本上制约着中国家庭农场经营规模的扩大。

根据2014—2018年全国家庭农场监测数据，我国家庭农场的平均经营规模约400亩，粮食类农场规模大于种植类，种植类大于全部农场平均水平；且经营规模从2014—2018年呈小幅增长趋势。根据2017年美国农业普查，美国拥有农场204万个，农场占地面积3.64亿公顷，平均每个农场的面积为178.43公顷，农业从业者大约340万人。中美人口密度和城镇化水平的差异直接影响着两国家庭农场的规模。

（四）地区发展不平衡

发展家庭农场的条件决定了家庭农场发展的不平衡，就目前5种模式而言，除吉林延边模式外其他4种均处于经济发展水平较高的、城镇化率较高的长江中下游地区（安徽郎溪、上海松江、浙江宁波、湖北武汉）。家庭农场的发展与城镇化水平的发展密切相关。相关数据显示，在非农就业率较高、城镇化水平较高的地区家庭农场发展的水平也较高（见表5—5）。

表5—5　不同地区的土地流转比例

地区	上海	北京	浙江	重庆	江苏	湖南	湖北	安徽	江西	河南	山西
流转比例（%）	59.3	46.3	38.9	36.2	34.2	21.4	14.6	14.2	13.76	13.39	5.77

（五）发展水平不高

西方发达国家的家庭农场有着强大的工业实力、较高的城市化水平和高素质的职业农民为其提供源源不断的支持。较之于西方发达国家，中国家庭农场的发展仍处于较低水平。

家庭农场是以家庭成员为主要劳动力的经营方式，这意味着家庭成员必须借助社会化的力量组织生产经营活动，这对家庭农场经营者的素质提出了很高的要求，经营者不仅需要掌握基本的农业生产技能，能够以市场化的思维经营管理农场。因此，家庭农场在本质上是一个以农业生产为主的市场化组织。当前，中国农村劳动力的主力军是"50后""60后"群体，丰富的小农户经营经验和匮乏的现代化管理理念在这个群体身上相互交织。

农业劳动生产率是家庭农场发展的重要指标，发展家庭农场组建现代化的农业生产经营体系的主要目标就是提高农业劳动生产率，如果家庭农场与一家一户的小农经营劳动生产率接近则失去了发展家庭农场的意义。以美国为例，仅占美国人口1.8%的农民不仅养活了近3亿美国人，而且还使美国成为全球最大的农产品出口国，世界各国粮食进口总量的一半来自美国。目前，中国只有吉林省延边市和上海市松江区的家庭农场劳动生产率能够比肩欧美国家。

（六）土地租金高

近些年，土地租金呈现出逐年攀高趋势。全国家庭农场监测数据显示，我国家庭农场土地流转租金在2014—2018年呈逐年上涨趋势，粮食类农场比种植类农场面临的租金要高，上涨压力也较大。粮食类家庭农场土地流转租金在2014—2018年也呈上涨趋势，由2014年的529元/亩上涨到2018年的864元/亩；种植类农场土地流转租金从2014年的540元/亩上涨到2018年的713元/亩，上涨幅度为32%。由于土地租金较高，大部分的家庭农场主表示土地流转面临困难。其中以"土地流转集中连片难"和"流转价格上涨太快"为主要问题。其次是"土地流入难""流转时间短"和"土地续租难"。因此，大多数农场主最希望在村委会或政府帮助下进行土地流转①。

（七）家庭农场用工较难

根据全国家庭农场监测数据，我国家庭农场的家庭成员数平均为4人，其中投入农场工作的家庭人数由2016年的2.93人微降至2018年的2.84人。至少有60%的农场有常年雇工，这一比例由2014年的61.54%在波动中小幅增至2018年的62.54%。这些农场平均雇用4个常年雇工，雇工个数由2014年的4.28个微降至2018年的4.03个。有临时雇工的农场占比由2014年的90.44%下降到2018年的82.66%。单次雇工个数最多时平均雇工19人。相比常年雇工，临时雇工老龄化问题更严重一些，集中体现在60岁以上雇工的

---

① 郜亮亮. 中国种植类家庭农场的土地形成及使用特征——基于全国31省（自治区、直辖市）2014～2018年监测数据 [J]. 管理世界，2020，36（4）：181－195.

占比更高、增速更快①。

（八）资金筹措困难

从资金来源看，绝大数家庭农场主以自有资金、信用社借贷为主，其次是亲友借款、银行借贷和民间借贷。从资金筹措情况来看，90％的家庭农场主表示在经营过程中"遇到过资金困难"，主要通过向信用社借贷、亲友借款、银行借贷和民间借贷解决。其中，大部分被调查家庭农场主表示向银行贷款存在额度小、利息高、缺乏抵押物、授信担保难、手续繁杂等问题。

九、我国家庭农场发展的对策

家庭农场这一经营模式符合目前我国农业的发展需要，并展现出了强劲的发展势头。

（一）以解决资金和用工问题为重点，加大政府扶持力度

综合以上情况，结合实际调研情况，当前资金缺乏和用工困难是家庭农场面临的主要困难；其次是仓储设施、基础设施、产品保鲜等。而且有很大一部分家庭农场主认为政府扶持力度不够，少数家庭农场主表示所在地政府没有出台相关扶持政策，部分家庭农场主表示所在地政府扶持力度不大。因此，政府还需针对当前家庭农场存在的重点问题，加大对解决家庭农场资金和用工问题的研究，尽快出台政策。

（二）调整补贴结构，加大对家庭农场薄弱环节的补贴力度

家庭农场主在购置农机、大棚及配套设施获得政府补贴较多，其次是种粮、农资综合补贴。大多数对补贴表示满意，但对租地、育供秧和农业保险补贴较少。因此，还需在进一步的农业补贴政策改革中，调整现有补贴结构，加大对薄弱环节的补贴。可以考虑加大对家庭农场主租地、育供秧和农业保险补

---

① 郜亮亮，杜志雄，谭洪业. 家庭农场的用工行为及其特征：基于全国监测数据［J］. 改革，2020，314（4）：148－158.

贴的力度，增加家庭农场生态补贴，更多运用WTO的绿箱工具。

（三） 加大对家庭农场设施用地和基础设施建设的支持

家庭农场主最希望得到政府在租地、大棚及配套设施的支持，其次是农业保险、综合农资和农机购置补贴；最希望政府帮助解决项目扶持和生产型基础设施建设与维护资金，其次是种养技术、经营管理培训以及贷款担保、抵押难问题。因此，政府下一步还需加大对家庭农场基础设施建设的支持力度，同时尽可能地帮助家庭农场解决生产性设施用地问题。

十、结　语

发展家庭农场是构建新型农业经营体系的重要举措，是促进农业生产、实现农业增效、农民增收的重要手段。并使我国农业收入成了家庭主要收入来源的新型农业经营主体，在实现家庭农场规模经营，农业机械化，大幅度提高土地利用率、投入产出率、劳动生产率和农产品商品率的同时，也使我国农业发展走向了规模化、集约化、商品化、产业化的道路，提高了农产品的科技含量和市场竞争力，对发展现代农业发挥了重要的作用。

专题一 合作社社会化服务影响成员采纳绿色防控技术的研究

一、绪论

（一）研究背景

农药的不规范使用不仅会造成农业面源污染，还会对施药者和消费者的健康造成严重威胁。作为一项新型的病虫害综合防治技术，绿色防控技术以降低农药施用量为目标，旨在推进农药的减量增效。为此，中国政府相继出台了《国家质量兴农战略规划（2018—2022年）》和《农业绿色发展技术导则（2018—2030年）》，明确提出加强绿色防控技术的推广和应用。然而，在中国，绿色防控技术覆盖面依旧不大。

第三次全国农业普查数据显示，中国小农户数量仍占农业经营主体的98%以上，经营面积占总耕地面积的70%[①]。可见，小农户对绿色防控技术的普遍采纳依旧是推动农药减量增效的关键。但相较于传统的生产操作，绿色防控技术获取成本高昂、技术习得难度较大、采纳成效不显著。这些特征使得普遍厌恶风险的农户并不愿意采纳绿色防控技术。因此，化解小农户采纳绿色防控技术的阻碍，已然成为农业绿色发展的重要课题。

农业社会化服务被多次证实了能够通过采购农资、机械化作业、田间管理和销售农产品等，有效缓解小农户采纳绿色生产技术规模不经济的难题。中国政府也出台了一系列促进农业社会化服务发展的政策措施，例如，2023年中

[①] 数据来源：中国政府网，全国98%以上的农业经营主体仍是小农户。https://www.gov.cn/xinwen/2019—03/01/content_5369755.htm。

央一号文件提出"实施农业社会化服务促进行动……促进农业节本增效、提质增效、营销增效"。随着农业社会化服务的深入推进，不同服务主体提供服务的效果表现出明显差异。

在众多农业社会化服务组织中，农民合作社相较于其他主体更具优势。第一，农业社会化服务与合作社之间有一种相互依存的关系。合作社不仅是农业社会化服务的重要载体，其持续发展的根本还在于对农业社会化服务的供给能力。第二，合作社不仅在数量上占据绝对优势，其覆盖的小农户也占全国农户的 50％以上①。第三，合作社开展农业社会化服务，能利用合作社自身集约化、规模化与组织化的特性，帮助农户降低生产成本与风险、提高收益，进而促进新技术的推广与扩散。第四，合作社具有联结农户的天然优势，能够带动成员农户采取集体行动从事绿色生产，从而达到规模效应，进一步降低合作社及其成员的采纳成本。此外，中央一号文件也多次强调要发挥合作社的社会化服务功能。

然而，现有文献缺乏将合作社视为社会化服务主体，剖析其影响成员采纳绿色生产技术机理和效果的研究。在合作社从量到质转型的关键时期，有必要对其提供的社会化服务能否，以及如何影响成员采纳绿色防控技术进行深入分析。与此同时，鉴于不同环节的农业社会化服务存在服务效果异质性，需要进一步分析合作社不同类型的社会化服务对成员绿色防控技术采纳行为的影响差异。为此，本研究基于农户行为理论、交易成本理论以及技术接受模型，构建了"合作社社会化服务—信息丰富度—绿色防控技术采纳"的理论分析框架，使用四川省柑橘种植合作社及其成员的调研数据，深入剖析合作社社会化服务功能对成员绿色防控技术采纳的影响，检验其不同服务类型影响的异质性，以期为合作社的提质增效指明方向，为加快普及绿色防控技术提供实践参考。

（二）相关概念界定

1. 合作社社会化服务

为了对合作社社会化服务进行科学的概念界定，有必要先对合作社、农业

① 该数据由加入合作社的农户数 1.22 亿（数据来源于中国社会科学院农村发展研究所，http://rdi.cssn.cn/gzsn/202011/t20201119_5219105.shtml）和中国农户数约 2.3 亿（数据来源于国家统计局，http://www.stats.gov.cn/sj/tjgb/nypcgb/qgnypcgb/202302/t20230206_1902101.html）计算所得。

社会化服务等相关概念进行说明。

合作社的概念起源于资本主义发展的初级阶段，距今已有近180年的发展历史。不同地区、学者对于合作社概念的看法也存在差异。1995年国际合作社联盟大会中《关于合作社界定的声明》提出合作社是人们自愿联合的自治联合体，并通过共同所有和民主控制的企业来满足他们在经济、社会和文化上的共同需求。从定义中可以解读出合作社的根本宗旨就是人们自愿联合，并且人们能从合作社提供的服务中获益。相较而言，中国的合作社发展时间较短，2007年颁布的《中华人民共和国农民专业合作社法》（以下简称合作社法）首次给出合作社的官方界定，2017年结合合作社发展现状，对部分内容进行了修改。在最新修订的合作社法中，合作社是指人们自主联合、民主管理形成的互助性经济组织。本研究也采用该定义。

1991年发布的《国务院关于加强农业社会化服务体系建设的通知》指出，农业社会化服务主要是指将农业的生产或经营环节交由外部专门的社会服务组织完成。自此，农业社会化服务的说法开始被广泛使用。随着社会经济和农业产业的不断发展，农业社会化服务的概念和内容逐渐完善。学界普遍认为，农业社会化服务组织为农户提供的产前、产中和产后各个环节的所有服务都可以称作农业社会化服务，具体包括物资供应、生产、技术、信息、金融、保险，以及农产品的包装、运输、加工、储藏、销售等各个方面。

实践证明，合作社提供农业社会化服务是由其本质属性决定的。为成员提供农业社会化服务是合作社成立的重要原因。本研究所讲的合作社社会化服务专指由合作社无偿（或收取少量服务成本费用）为其成员提供的农业产前、产中、产后各个阶段的农业社会化服务，包括农资统购、农机作业、生产管理、技术培训、分拣定级、包装贴牌、仓储运输、农产品收购。按照服务提供方式不同，本研究将合作社社会化服务进一步分为合作社俱乐部服务和合作社居间服务。其中俱乐部服务指合作社给内部成员提供的具有俱乐部性质的服务。居间服务指合作社帮助成员获取其他农业社会化服务主体供给的服务，也就是说合作社居间服务的实际供给方并不是合作社，而是其他农业社会化服务主体。另外本研究提到的成员是指加入合作社的农户，即拥有合作社成员资格的农户。

2. 绿色防控技术

2006年，全国植保工作会议首次提出绿色防控技术，该技术能够有效控制农作物病虫害。它是以"公共植保、绿色植保"为理念，以"预防为主、综合防治"为方针，以减少化学农药用量为目的，保障了农作物的生产安全、农产品的质量安全和农业的生态环境安全。

《农业农村部办公厅关于推进农作物病虫害绿色防控的意见》指出农作物病虫害绿色防控的四种主推技术，包括生态调控技术、生物防治技术、理化诱控技术和科学用药技术。其中，生态调控技术是从病虫害发生源头及滋生环境着手进行改造，一般采取抗病虫品种、优化作物布局、改善水肥管理等栽培措施以及农田生态工程、果园生草覆盖、作物间套种等技术。生物防治技术是基于病虫、害虫本身进行防治，应用以虫治虫、以螨治螨、以菌治虫、以菌治菌等方法，以及将它们本身或者它们产生的物质加工制成生物农药进行防治。理化诱控技术主要用于蔬菜、果树和茶树等农作物害虫的防治，一般包括杀虫灯诱杀、色板诱杀技术等物理诱控技术和性信息素、取食信息素技术等昆虫信息素诱控技术。科学用药技术包含的内容更为广泛，有使用高效、低毒、低残留、环境友好型农药技术，优化农药的轮换、交替、精准和安全使用技术，加强农药抗药性监测与治理，普及规范使用农药的知识，严格遵守农药安全使用间隔期等。

借鉴已有相关文件的规定，结合本研究对象——柑橘生产技术的特殊性，本研究将绿色防控技术界定为理化诱控、生物防治、生态调控和科学用药4个维度，包含8个方面，即物理诱杀、信息素诱控、生物农药、人工释放天敌、抗病虫品种、生草覆盖、精准配药、遵守农药安全间隔期。具体变量定义和问卷测度题项见表1。

表1　绿色防控技术的变量定义

类别	绿色防控技术	问卷测度题项
理化诱控	物理诱杀	您是否采用黏虫板、杀虫灯等物理装置？（1＝是；0＝否）
	信息素诱控	您是否使用糖、酒、醋诱杀罐或性诱剂等控制害虫产生？（1＝是；0＝否）
生物防治	生物农药	您是否使用生物农药？（1＝是；0＝否）
	人工释放天敌	您是否利用害虫天敌控制害虫产生？（1＝是；0＝否）

续表

类别	绿色防控技术	问卷测度题项
生态调控	抗病虫品种	您是否选用较强抗病性、抗逆性品种？（1＝是；0＝否）
	生草覆盖	您家果园是否使用生草覆盖技术？（1＝是；0＝否）
科学用药	精准配药	您配药时稀释农药的方式是？（1＝精确测量；0＝大概估计）
	遵守农药安全间隔期	您是否严格执行农药安全间隔期？（1＝是；0＝否）

（三）文献综述

1. 农户绿色防控技术采纳的相关研究

对于农户绿色防控技术采纳的影响研究中，学者主要探究农户个人特征、家庭经营特征、农户对技术的感知，以及政策与市场环境等因素对农户绿色防控技术采纳的影响。

在农户个人特征方面，农户的性别、年龄、受教育程度、兼业情况等都是影响农户采纳绿色防控技术的重要因素。例如，刘洋等利用湖南省 348 份种植户的微观调查数据，运用二元 Logistic 回归模型分析得出，性别、受教育程度会显著影响农户的绿色防控技术采纳。在家庭经营特征方面，土地规模、劳动力占比、家庭收入等都是影响农户绿色防控技术采纳的关键因素。Korir 等使用肯尼亚 809 个杧果种植户的调研数据证实，家庭劳动力越充裕，农户越会采纳病虫害绿色防治技术。在农户对技术的感知方面，大部分学者都认为农户在病虫害综合防治技术上的感知程度会对其技术采纳产生积极影响。而郭利京、赵瑾（2017）则认为农户会对绿色防控技术产生积极和消极两种感知，表现为农户一方面认为绿色防控技术生态环境兼容性好，有利于农业安全；另一方面又认为它价格高、使用烦琐、见效慢等。而这两种感知碰撞的结果将决定农户是否采纳绿色防控技术。

在政策与市场环境方面，激励与约束措施都能对农户的绿色防控技术采纳产生影响。高晨和李桦（2022）基于中国三省共 965 份茶农样本数据，研究指出政府层面和市场层面的激励措施对绿色防控技术采纳产生的正效应均大于约束措施。Allahyari 等（2016）对伊朗 171 家橄榄种植户的调研数据研究发现政府的技术推广会促进种植户采纳病虫害综合防治技术。Timprasert 等（2014）也得到类似结论，即政府对于病虫害综合防治技术的推广力度越大，越有助于菜农采纳该技术。余威震等（2019）则是创造性地提出了农户市场能力的概念，并用销售渠道建设、主动收集信息和技术推广培训三个指标来表征农户的市场能力，最后实证分析得出农户的市场能力能促进其采纳绿色生产技术。

2. 合作社社会化服务的相关研究

（1）合作社社会化服务的供给与需求

提供农业社会化服务的组织主要包括农业服务专业户、合作社、集体经济组织、农业龙头企业等。合作社社会化服务是农业社会化服务体系中无法替代的关键部分。究其原因，合作社扎根于广大的农村地区，拥有广泛的农民基础，并且农业产业化管理离不开合作社的服务。合作社的主要作用是为农户提供生产经营服务，而农民自愿加入合作社的目的也是希望合作社为他们提供所需要的服务。在合作社社会化服务内容方面，有学者提出合作社为农户提供农机作业、农资采购、技术指导、加工营销等产前、产中、产后多阶段的服务，多方面满足农户的服务需求。然而，在实际中，由于自身经济实力有限，合作社提供的服务供给主要是低成本的技术和信息服务、农资采购和农产品营销等服务。

在合作社社会化服务的需求方面，由于自身禀赋差异，农户对不同生产环节存在较大的服务需求差异，需求强度也呈现明显的差异化特征。有学者提出种植大户在农作物生产环节对农业社会化服务的需求更高；而小农户由于信息闭塞，则更需要农产品营销相关的服务，其需求强度大于对技术、资金等其他种类服务的需要。同时，相较于种植大户，小农户较小的土地规模、较低的服务需求量以及较高的服务交易成本使得其农业社会化服务需求往往被忽视。

（2）合作社社会化服务的影响作用

在农户参与合作社社会化服务的影响作用研究方面，现有研究着重探讨了合作社社会化服务在提高农户经济收入和技术效率上的作用。在合作社社会化服务提高农户经济收入方面，朋文欢和黄祖辉（2017）使用来自全国 15 省 1243 位农户的数据，实证表明合作社并不必然提高成员收入，只有在充分发挥其服务功能的情况下其增收效果才显著。陆泉志和张益丰（2022）基于山东省果蔬种植户的实地调查数据，发现合作社社会化服务对成员家庭务农收入的提升存在显著的因果中介效应，其中金融信贷服务、技术培训服务和生产流程服务对成员家庭务农收入提升的平均因果中介效应依次递增。刘浩等（2021）基于四川省507位成员农户的调查数据，使用PSM模型估计，得出相较于非采纳农户，采纳了合作社标准化生产服务的农户农业收入显著提高，同时合作社销售服务在其中起部分中介作用。技术效率方面，张永强和田媛（2021）通过对黑龙江水稻社会化服务现实情况的调查，运用多值处理效应模型研究发现合作化服务模式促使农户技术效率提升0.1198。学者普遍认同农户通过合作社社会化服务共享组织资源，缓解入社农户的资源约束，降低其市场经营风险和交易成本，进而促进其转入土地实现规模化经营，产生规模经济效应，显著提升农户生产技术效率。

3. 合作社社会化服务对农户绿色生产行为的影响

已有研究证实，农业社会化服务有利于促进小农户绿色生产行为。卢华等（2021）认为农户使用农业社会化服务对其采用病虫害统防统治技术具有显著促进作用，尤其是施药、施肥服务；余威震等（2021）认为服务供给通过提升农户感知进而提升稻农采纳测土配方施肥技术的概率；杨高第等（2020）以生产环节外包为例，研究表明农业社会化服务能显著促进农户减少农药、化肥用量。但这些研究没有聚焦到某一农业社会化服务组织，如合作社、龙头企业等。也有研究是以合作社为研究对象，探讨了农户参与合作社对其绿色生产的影响。董莹、穆月英（2019）以有偏技术进步理论为基础，通过PSM方法和两阶段SFA模型，实证分析得出合作社有助于农户实现绿色高效生产转型。袁雪霈等（2018）以我国5个苹果主产区的合作社农户为样本，实证分析得出农户参与合作社的程度越深、关系越密切，越倾向于采取安全生产方法。万凌霄、蔡海龙（2021）以及张朝辉、刘怡彤（2020）采用PSM模型证实，参与合作社的农户采纳绿色生产技术的概率要高于其未参与时的采纳概率。Ver-hofstadt和Maertens（2014）、Ma和Abdulai（2019）分别采用PSM模型和ESP模型，证实合作社成员资格对农户病虫害综合防治技术采用产生了积极而显著的影响。以上研究都是表明合作社能促进农户的绿色生产技术采纳，但秦诗乐、吕新业（2020）却认为当前合作社结构不平衡，成员大多为规模户，对小农户吸纳有限，且对小农户群体的施药行为的约束作用有限。

仅有极少数研究探讨了合作社社会化服务在促进农户绿色生产方面的作用。石芮岭和彭译霆（2021）基于四川省 837 份柑橘种植农户的调研问卷数据，指出合作社提供的绿色生产资料供给服务、绿色农产品销售服务、绿色防控技术培训服务能显著促进农户采用减量使用化肥技术。万凌霄、蔡海龙（2021）结合覆盖所有粮食主产区的微观调查数据，认为合作社可以通过提供生产信息服务改变农户认知，提高其采纳测土配方施肥技术的概率，但更重要的是合作社使用专业技术装备以及对技术采纳过程管理等标准化生产服务可以带动农户采用测土配方施肥技术。陈吉平等（2022）运用倾向得分匹配法考察了合作社社会化服务对农户病虫害综合防治技术采纳的影响，提出合作社农资供应服务和农产品销售服务可以显著提升农户病虫害综合防治技术的采纳概率，且前者的影响效应更大。吕成成（2022）以山东省 6 县（区）985 户蔬果种植户的实地调研数据为依据，利用熵权法对包括物理防治、使用节水灌溉、测土配方等亲环境行为的农户农产品质量控制行为实施水平进行综合测度，通过中介效应模型证实了合作社种植技术培训服务是合作社促进农户实施农产品质量控制行为的重要途径。张益丰等（2022）也得出类似的结论，即合作社生产流程培训服务作为中介渠道提高了农户实施农产品质量控制行为。

4. 文献评述

综上所述，目前国内外学者就合作社、农业社会化服务、绿色防控技术采纳等方面展开了大量研究，并取得了丰硕成果。但结合现有研究不难发现，关于合作社以及农业社会化服务对绿色防控技术采纳的影响研究仍可以从以下几个方面进行完善。

一是从合作社社会化服务层面考察成员的绿色防控技术采纳问题。在农业社会化服务不断发展的今天，合作社数量相对于其他农业社会化服务组织具有绝对优势，入社农户接近全国农民总数一半。同时，成员的绿色生产行为离不开合作社提供的农业社会化服务。然而，已有研究大多数只是用"是否加入合作社"变量对农户进行二元划分，没有进一步考察合作社社会化服务的作用，将参与服务与未参与服务的成员笼统地混为一谈，会造成研究结果的偏误。因此，为了进一步了解合作社的具体功能与作用，以及发展方向，需要深入研究成员在使用合作社社会化服务方面的差异对其生产经营行为产生的影响。

二是区分不同类型的合作社社会化服务。农业社会化服务的发展对农户的生产经营行为产生着深远影响。现有研究已经注意到某一类或某一种的农业社会化服务，比如农业生产性服务这一大类，或是农机服务、技术服务等小类。然而，大多研究仅对整体的农业社会化服务或其中某一类服务进行单独研究，并没有将农业社会化服务的类型进行划分并进行对比分析。因此，想要确切找到提高成员绿色防控技术采纳的路径，需要明确合作社社会化服务的不同类型，以及不同类型服务对成员绿色防控技术采纳行为的影响。

因此，本研究将以合作社成员为研究对象，基于农户行为理论、交易成本理论和技术接受模型，梳理合作社社会化服务与绿色防控技术发展的现状，探究合作社社会化服务及其不同服务类型对成员绿色防控技术影响及影响机制，以期丰富合作社、农业社会化服务与绿色生产的相关研究成果，为后续研究提供借鉴。

（四）研究的创新点

1. 研究内容的创新

已有研究大多局限于农业生产阶段的多种托管或外包服务，包括农机作业、技术指导、劳务服务等。本研究以合作社社会化服务为出发点，创新性地将合作社在不同的社会化服务中发挥的实际作用划分为不同的类型。具体来说：一是提供农资购买、市场信息、农产品销售等服务发挥联结成员和其他经济组织或市场的桥梁作用的居间服务；二是能够直接向成员提供生产管理服务、技术指导与培训等服务的俱乐部服务，拓展了已有研究关于合作社社会化服务的类型划分。不仅考察了合作社成员对于合作社作为实际服务供给方的俱乐部服务和合作社作为农业社会化服务供给桥梁的居间服务参与情况，还分别探究了合作社不同社会化服务类型对成员绿色防控技术采纳影响的差异。

2. 绿色防控技术采纳测度的创新

现有研究关于农户绿色防控技术采纳行为的测度通常是单一维度，如农户是否采用了生物农药、物理装置防控害虫等。但是，绿色防控技术本身是一个多维度的系统，它包括了生态调控、生物防治、理化诱控和科学用药四种主推技术，其中包含的细分技术多达二十多种。仅以单一变量测度，无法系统地、多维地反映绿色防控技术的采纳。因此，本研究结合四川绿色防控技术推广和采纳现状将四种主推技术分类设置不同的8个变量用于更加系统地测度成员绿色防控技术采纳的行为。

3.研究对象的创新

已有研究关于绿色防控技术采纳的影响大多聚焦于粮食和蔬菜作物，仅有少量研究关注了水果。然而，不同农产品的生产过程和生产区域都存在显著差异，这导致果农的生产行为决策机制可能与种植粮食或蔬菜作物农户的存在差异。因此，本研究结合四川省作为我国柑橘产业大省和优质柑橘生产区的现实情况，将柑橘种植户作为研究对象，以期为现有相关研究贡献柑橘种植户在绿色防控技术采纳方面的实证证据。

二、理论基础与影响机理

（一）理论基础

1.农户行为理论

农户是农业生产主体，其行为包括投资、生产、经营、决策等。目前学术界将农户行为理论主要分为三个派系，分别为形式经济学派、实体经济学派以及有限理性学派。

形式经济学派是基于传统的小农经营特征来研究农户行为，其认为农户具有经济人的特征，舒尔茨（Schultz）（1964）和波普金（Popkin）（1979）最早提出农户是"理性经济人"。形式经济学派认为农户是完全理性的，以利润最大化为目标，根据市场变化做出快速且合理的生产决策，实现帕累托最优。而实体经济学派持不同观点，认为农户在生产中追求的不是利润最大化，而是风险最小化，其主要生产目的也只是满足家庭基本生存和消费所需。对于上述两个观点，黄宗智教授在其著作《华北的小农经济与社会变迁》中提出不同看法，他认为小农既不是利润最大化的追求者，也不完全以家庭消费为生产目标。以西蒙（Simon）为代表的有限理性学派，认为人们在做决定的过程中，追求的不是"最优"或"利益最大化"的结果，而只是"满意"的结果。因此，从某种程度上讲，人们的理性是有限的。以上农户行为理论学派仅从"经济人"的角度看待农户行为，忽视了农户的"社会人"属性。农村社会是建立在亲缘、血缘和地缘基础上的熟人社会，农户作为"社会人"不仅会追求经济利益，还格外看重情感与道义。经济学家凯尼曼（Kahneman）和特沃斯基（Tversky）从心理学、社会学角度研究农户经济行为，解释了农户的"非理性"行为，提出小农在外部影响下是"有限理性社会人"的观点。

基于农户行为理论，本研究认为农户是有限理性社会人，农户的行为决策以利润最大化为目标，同时受自身禀赋和外部其他因素的制约。农业生产是具有一定的周期性的活动，农户无法准确预期未来的利润情况，更多的是着眼于眼前的利益，在生产过程中降低成本也是提高利润的重要路径。因此，农户的农业社会化服务参与行为和绿色防控技术采纳行为都是以其成本最小化为目的，同时，也会受到其他因素的影响。

2. 交易成本理论

交易成本，又称"交易费用"，是指个体或组织在达成一笔交易中产生的费用。交易成本理论广泛应用于农户行为决策的分析中。科斯（Coase）（1937）最先把交易成本作为分析工具引入经济研究，用交易成本理论解释了企业的存在原因和边界问题并首次系统界定了交易成本的概念。它是指在一定社会关系中，人们自愿交往、彼此合作达成交易所支付的成本，也即人—人关系成本。此后，阿罗（Arrow）、威廉姆森（Williamson）等学者在此基础上进一步探索，完善了交易成本的概念。Williamson（1985）将交易成本划分为在信息搜寻、议价、决策和违约中的成本；也可进一步划分为事前和事后成本（其中，事前成本是明确双方责任、权利与义务而付出的成本，事后成本是交易发生后产生的成本）。

交易成本理论为农户参与合作社社会化服务行为提供了理论依据。在合作社发展初期，米尔（Mill）、马歇尔（Marshall）、庇古（Pigou）等一些著名的欧洲经济学家基于团队经济的正面作用，指出合作社为了增加成员利益将外部收益内部化，有效避免了可能存在的市场调节不足的问题。囿于农户和农业本身的弱质性，农户采购生产资料和销售农产品要支付的交易成本很高，而合作社作为连接小农户和大市场的重要纽带，能帮助成员提高市场议价能力，减少由于信息不完全和不对称造成的费用。因此，农户使用合作社社会化服务具有降低交易成本、提高议价能力、减少生产决策不确定性以及规避经营风险等好处。

3. 技术接受模型

技术接受模型是一个不断发展的模型，1969年，戴维斯（Davis）在理性行为理论基础上提出技术接受模型（Technology Acceptance Model，TAM），该模型能有效解释技术接受行为。由于 TAM 模型以有用感知和易用感知作为核心变量来决定用户态度、使用意愿和实际使用行为，并简洁、有效地描述了核心变量与技术实际使用之间的内在联系，因此，该模型被广泛应用于农业、工业、互联网等研究，并在发展中不断完善。2000 年，戴维斯（Davis）和文卡特斯（Venkatesh）提出了改进后的技术接受模型，并命名为 TAM2，着重分析感知有用性对使用意向的影响，并认为感知有用性能直接影响使用意向，而感知易用性则是要通过影响技术态度间接影响技术使用意愿；2003 年，文卡特斯（Venkatesh）有机整合了理性行为理论、动机模型和 TAM 模型等 8 个实证分析模型，以此构建了整合型技术接受模型。

农户技术接受模型主要包括有用感知、易用感知、获利感知和自信心对农户技术使用意向及实际行为的影响。因为理性农户对技术使用的获利性非常敏感，所以在研究农户行为时加入获利感知因素是非常必要的。产量增加、成本降低、利润增加等农户对技术使用后的预期等都属于农户的获利感知。至于自信心这个因素，安妮（Anne）认为农户的自信心会影响农户对于技术的有用感知和易用感知，进而影响农户的技术使用意向。

（二）影响机理与研究假说

1. 合作社社会化服务对成员绿色防控技术采纳的影响分析

基于农户行为理论，农户作为农业生产的主体，其做出的选择必然是以利润最大化为目标，而市场环境、农业技术条件及生产要素配置状况等外部条件往往会影响农户的农业生产行为及目标。绿色防控技术作为一门新的生产技术，具有正外部性强、前期技术装备投入大等特点。囿于采纳能力、管理能力、销售能力等，成员采纳绿色防控技术的成本和风险较高，同时其收益还面临着较大的不确定性。而组织嵌入能为农户绿色生产提供工具支持和情感支撑。已有研究表明，农业社会化服务能够通过服务的规模经济为农户使用新技术提供便利，同时新技术的使用也可以降低生产成本和风险。然而，农业社会化服务业面临着供需匹配度不高，服务的交易成本高的困境。

作为农业社会化服务主体，农民合作社的服务对象以成员为主。由于成员与农民合作社具有天然的"血缘"关系，合作社能够更好地捕捉成员的服务需求，获得成员的信任，降低服务成本。一方面，合作社有向组织内部成员提供俱乐部服务的义务；另一方面，合作社俱乐部服务难以满足农户需求，合作社能够作为服务供需匹配的桥梁，帮助农户获取合作社以外的其他农业社会化服务供给主体提供的服务。合作社俱乐部服务和居间服务的实际供给主体不同，成员的参与度也不同。最终表现在对成员的绿色防控技术采纳的影响存在差异。

就合作社提供的俱乐部服务而言，合作社通常拥有技术服务队，通过标准化生产管理服务为成员提供全程或半程生产管理，以及对成员的农业生产过程进行监督，促进成员采纳绿色防控技术。这不仅缓解了成员面临的绿色防控技术难习得的难题，还通过技术直接输出的方式让成员采纳绿色防控技术。另外，合作社俱乐部服务通过组织技术指导与培训，有效缓解成员采纳绿色生产技术面临的人力资本和信息约束。具体来讲，第一，提升成员对绿色防控技术的掌握程度，降低成员由于技术不熟而造成损失的生产风险，进而促进成员对其采纳；第二，提升成员对绿色防控技术效果的了解程度，降低成员采纳绿色防控技术可能会面临的市场风险，最终促进成员对绿色防控技术的采纳；第三，提升成员对绿色防控技术的经济效益、环境效益、社会效益的认知，进而促进成员采纳绿色防控技术。此外，合作社的俱乐部服务不仅可以促进合作社和成员之间的联系更为紧密，还能促进成员间的互帮互助，使成员间的生产技能交流更为频繁。成员通过使用农业社会化服务从合作社和其他成员那里获取绿色防控技术的有关信息，破解信息约束，促进其采纳绿色防控技术。

就合作社居间服务而言，由于成员农户的异质性使其对于农业社会化服务的需求存在差异性和多样性，当合作社内部无法满足成员的需求时，成员就会寻求合作社以外的社会化服务。相较于成员自己联系其他农业社会化服务组织而言，合作社供给居间服务有助于减少成员的服务交易成本、降低技术使用风险、提升绿色生产经济效益。具体而言，第一，合作社居间服务有利于减少服务的交易成本。合作社的资源禀赋要明显高于成员的资源禀赋，特别是社会资本，其议价、谈判能力更强，能帮助成员降低获取服务的成本。第二，合作社居间服务有利于降低技术使用风险。合作社具有较强的信息采集和甄别能力，经过合作社筛选后的农业社会化服务组织，其服务的能力和服务效果更好，有利于降低绿色防控技术使用的风险。第三，合作社居间服务有利于提升绿色生产经济效益。一方面，合作社居间服务能促成成员与大型超市、农企等优质销售商形成合作关系，保证农产品售价和销路的稳定，解决成员采用绿色防控技术、生产绿色农产品优质优价的后顾之忧；另一方面，为了达到销售商提出的外观、口感、安全性等各种要求，成员必须严格保证农业投入品的质量和数量，通过以销促产的方式倒逼成员采纳绿色防控技术。

综上，提出以下假说：

H1：合作社社会化服务会促进成员采纳绿色防控技术。

H1a：合作社俱乐部服务会促进成员采纳绿色防控技术。

H1b：合作社居间服务会促进成员采纳绿色防控技术。

2. 信息丰富度的中介效应

计划行为理论和行为转变理论都强调，信息是个体行为决策和转变的关键要素。获取关于绿色防控技术的系列有效信息是农户采纳绿色防控技术的前提。然而，在分散式家庭经营中，农户对信息的收集、处理、掌握以及利用市场、技术、政策信息等方面存在较大差异。囿于技术信息的匮乏，成员无法在实际生产中做出及时的调整，导致成员采纳绿色防控技术面临着极高的生产风险。这都将对成员采纳绿色防控技术造成严重阻碍。而合作社提供的社会化服务能够帮助成员获取绿色防控技术相关的技术本身、生产资料、市场供需等各类信息，有效缓解成员信息不对称、信息相对闭塞的问题。

具体而言，通过使用合作社提供的居间服务，成员能够充分了解市场对绿色防控技术的需要，以及低价高效的绿色防控生产资料购买信息。这有利于降低成员采纳绿色防控技术的生产成本、生产风险和市场风险，促进成员对绿色防控技术的采纳。通过使用合作社提供的俱乐部服务，成员能够充分掌握绿色防控技术的使用技能、使用效果和政府支持政策等信息。成员对上述信息的掌握，能够有效避免由于技术不熟而导致采纳新技术面临的减产问题等。此外，成员获得信息越丰富，越有利于提升其对绿色防控技术的认知，打破农户对于绿色防控技术的信息和技术的约束，进而转变农户对采纳绿色防控技术的行为态度，促使其采纳绿色防控技术。因此，参与合作社社会化服务可以提高农户对于绿色防控技术相关信息的获取和掌握，进而促进其采纳绿色防控技术。由此，提出假说2：

H2：信息丰富度在合作社社会化服务影响成员绿色防控技术采纳中起中介作用。

三、合作社社会化服务与绿色防控技术采纳的现状分析

（一）合作社社会化服务与绿色防控技术发展现状

1. 合作社社会化服务发展情况

中国的农民合作社源于20世纪50年代初，扎根于农村、立足于农业，通过服务农民进行农业生产经营，解决农民关注的技术、设施、营销等方面的服务需求难题。2007年《中华人民共和国合作社法》以及2018年的修订版中强调了农民合作社是以其成员为主要服务对象，提供农资购买、农产品销售等与农业生产经营相关服务的互助经济组织，明确了合作社提供农业社会化服务的职责。此外，从2008年的《中共中央关于推进农村改革发展若干重大问题的决定》明确农民合作社在构建新型农业社会化服务体系中的基础性地位开始，国家不断加大对合作社开展社会化服务的扶持力度。扶持内容和方向也逐步拓展，从以前只是关注和支持农民合作社开展农业生产性服务[1]，到现在强调加强农民合作社在农业产后服务能力的建设，再向产加销一体化拓展[2]。

虽然我国聚焦农林牧渔业产品生产的合作社仍超过总量的80%，但由于农业产业链的不断延伸，农民合作社生产经营范围和服务领域也在不断扩大。越来越多的农民合作社为成员提供几乎覆盖了所有生产经营环节的多元化服务。据农业农村部统计，截至2021年底，为小农户提供专业化农业社会化服务的农民合作社超过30万家，通过创办实体公司发展加工、流通、销售等业务的农民合作社接近10万家，打造品牌并注册商标的农民合作社超过了10万家，获得各类农产品质量认证的农民合作社也有5.5万家。农民合作社作为小生产与大市场之间的桥梁，成员使用合作社提供的农业社会化服务能够实现省钱、省心、省力，合作社各成员间能够共享互助、互利、共赢。

---

[1]　数据来源：《中共中央国务院关于坚持农业农村优先发展做好"三农"工作的若干意见》，http://www.gov.cn/xinwen/2019-02/19/content_5366917.htm。

[2]　数据来源：《农业农村部办公厅关于开展2021年农民合作社质量提升整县推进试点工作的通知》，http://www.moa.gov.cn/xw/bmdt/202106/t20210625_6370299.htm。

截至 2022 年 5 月，农民合作社为农户成员提供的经营服务总值超过 8800 亿元，成员人均享受合作社统购统销服务额达 1.4 万元①。虽然现在合作社整体发展势头较好，但是部分合作社供给农业社会化服务仍存在一些问题。首先，由于部分合作社自身实力不强，资源有限，主要体现在技术服务不够健全，信息服务不够及时有效，以及合作社提供生产资料的质量不能很好地保证，导致合作社提供服务存在项目少、服务低的问题，难以满足成员对服务的需求；其次，合作社自身能力不错，但是在服务过程中流于形式，服务质量不高，未能向成员提供有效的帮助，挫伤了成员使用合作社农业社会化服务的积极性。

2. 绿色防控技术发展现状

绿色防控技术有效改善了农户过分依赖化学农药的局面，不仅能提高病虫害防治的效率、效果和效益，更能保护农产品质量安全、生态安全，促进农业的可持续绿色发展。中国政府部门制定了一系列推进农作物病虫害绿色防控的方案和条例，全国农业技术推广服务中心也连续 7 年组织有关专家先后制订了各项病虫害绿色防控技术方案。这些政策和方案的实施，有利于绿色防控产品和技术的研发推广，有利于绿色防控技术的模式集成，有利于绿色防控技术应用的基地建设。同时，显著提高了绿色防控技术的各项效益。据统计，2022 年全国农作物病虫害绿色防控应用面积达到 11.84 亿亩，绿色防控覆盖率达 52.07%；该年小麦、水稻、玉米三大粮食作物病虫草害防治平均挽回产量占粮食总产的 23.18%，减损增收效果明显②。

虽然在国家政策扶持下，绿色防控技术迎来了良好的发展机遇，也逐渐得到更多科研单位、企业、农业生产经营主体等的关注，但是，目前仍存在一些难题阻碍着绿色防控技术的发展。第一，绿色防控技术科技支撑不足。我国科研单位工作立项碎片化，不能形成稳定的科研团队，且相关企业的人才、资金不足，以致难以胜任绿色防控技术的研发工作，导致无法进行长期性、连续性的绿色防控科技攻关，也造成了产学研脱节的现象。第二，绿色防控技术产业化程度低。相关企业由于自身缺乏资金、生产规模小，以及绿色防控产品成本

---

①　数据来源：国家农业农村部合作经济指导司，https：//baijiahao.baidu.com/s? id = 1738767736533887311&wfr=spider&for=pc&sShare=2。

②　数据来源：全国农技中心组织召开 2022 年全国农作物病虫害防控工作总结，https：//www.zzokq.com/index/article/index/aid/307756.html。

高、利润效益差等，不愿意进行绿色防控技术相关的更新和升级，阻碍了我国绿色防控技术推广，导致我国的绿色防控技术产品难以与化学农药进行强有力的竞争。第三，绿色防控技术接受度不高。在技术推广和应用阶段，缺少技术推广人员和服务于农村的专业技术人才，导致农民没有得到绿色防控技术应用的专业指导和培训，使得对绿色防控技术重要性的认知不足。此外，由于采纳绿色防控技术的成本较化学农药更昂贵，且生产的农产品难以实现优质优价，进而造成农户对绿色防控技术的接受程度不高。

（二）调查问卷设计及数据来源

1. 调查问卷设计

在进行大量文献资料研究后，根据本研究的研究内容和目的，设计了调查问卷。问卷主要分为六个部分，分别为户主个体基本情况、家庭经营基本特征、生产基本特征、销售基本特征、绿色生产意识以及合作社参与情况。具体问题如下。

一是户主个体基本情况模块。主要问题包括户主性别、户主年龄、户主教育水平、身体健康状况、风险偏好等。

二是家庭经营基本特征模块。主要问题包括家庭劳动力数量、家庭收入、种植规模、土地流转情况、地块分散度等。

三是生产基本特征模块。主要问题包括肥料管理（化肥施用情况；有机肥施用情况；农家肥施用情况）、农药管理（农药施用情况；理化诱控、生态调控、生物防治和科学用药等绿色防控技术采纳情况）、树体管理（果袋使用情况；疏花疏果、修枝整形、熏烟防霜等情况）、其他管理（生产档案、节水灌溉、废弃物处理等）。

四是销售基本特征模块。主要问题包括销售渠道（龙头企业、超市、电子商务、农贸市场、商贩等）、销售量、平均售价、销售质量要求（价值属性、安全属性、包装属性、营养属性）、销售收入。

五是绿色生产意识模块。主要问题包括对绿色防控技术的感知、绿色生产技术培训的参与情况（参与培训原因、培训实施主体、培训方式、培训内容等）。

六是合作社参与情况模块。主要问题包括加入合作社的时间、在合作社中的身份、入股情况、合作社服务参与情况（农资统购、农机作业、生产管理、技术培训、分拣定级、仓储运输、包装贴牌、产品收购等服务参与情况)、合作社提供优惠、合作社奖惩措施等。

2.数据来源

课题组于 2021 年 7—8 月选取四川省柑橘合作社及成员进行实地调研,对柑橘合作社的社会化服务及成员绿色防控技术采纳现状进行评价。选择四川省柑橘合作社及成员作为研究样本,主要基于以下三个方面的原因:第一,选择种植特定作物的合作社及其成员进行研究可以有效降低产业异质性的影响。四川地处长江上游,是晚熟柑橘主产区,其柑橘种植面积及产量均名列全国前茅。第二,作为四川省重要的经济作物,柑橘通常是其种植户的主要收入来源。然而,柑橘病虫害种类众多。对病虫害的有效安全控制成为柑橘种植户的利益增长点。因此,柑橘种植户有足够的内在动力更新其生产种植技术。第三,四川省的绿色防控技术推广情况较好,2007—2020 年累计绿色防控技术推广面积达 3.46 亿亩,带动了四川省绿色防控覆盖率提高 26%①。因此,选择四川柑橘种植合作社及其成员作为研究样本,具有一定代表性和典型性。

在具体调研地点及对象的选取上,本研究主要采用分层随机抽样的方式。首先,根据四川省柑橘产地分布情况,选取成都平原经济区、川南经济区和川东北经济区进行抽样调查。然后,在上述 3 个经济区中随机选取 2~3 个样本市,样本市的选取结果为成都市、眉山市、南充市、资阳市、内江市、宜宾市、达州市等 7 个市;这 7 个市的柑橘种植面积占四川省柑橘种植总面积的70% 以上,具有较强的代表性。最后,在上述 7 个样本市中随机选取 1~2 个样本区(县),每个样本区(县)随机选取 6~8 个柑橘合作社,并在每个合作社随机选取 7~10 名成员,对合作社的理事长及成员进行面对面问卷调查。调研涉及 7 个市 10 个区(县)72 个柑橘合作社(详见表 2),收集了成员和合作社两类的数据,获得成员有效问卷 619 份。

---

① 数据来源:四川省农村科技发展中心对四川主要害虫绿色防控技术体系构建和应用评价结果,http://scnckj.org.cn/scnckj/announcement/20210329/37620.html。

表 2　样本区域分布

经济区	市	区（县）	样本成员（户）
成都平原经济区	成都市	金堂县	74
	眉山市	仁寿县、丹棱县	118
	资阳市	雁江区	72
川东北经济区	南充市	高坪区、蓬安县	149
	达州市	达川区、渠县	70
川南经济区	内江市	资中县	61
	宜宾市	江安县	75

（三）样本特征及描述性统计分析

1. 样本农户的基本特征

（1）个体特征

表 3 是样本农户的个体基本特征。参与问卷调查的农户中，户主为男性的占样本总数的 72.54%，而户主为女性的只占样本总数的 27.46%。在年龄方面，从总体上看，参与调查的农户年龄结构倾向于中年化。其中，50～60 岁的样本人数最多，达到了 252 人，占样本总数的 40.71%；其次是 60 岁及以上的农户，人数有 212 人，占比 34.25%；50 岁及以下的农户仅占 25.04%。受教育程度方面，样本农户文化水平总体偏低。其中，初中（中专）及以下的样本数有 495 人，占比接近 80%，而文化水平在高中（高职）及以上的农户仅有 124 人，占总样本数的 20.03%。

表 3　样本农户的个体特征

类别	选项	样本量（户）	比例（%）
性别	男	449	72.54
	女	170	27.46
年龄	50 岁及以下	155	25.04
	50～60 岁	252	40.71
	60 岁及以上	212	34.25

续表

类别	选项	样本量（户）	比例（％）
受教育程度	小学及以下	300	48.47
	初中（中专）	195	31.50
	高中（高职）	105	16.96
	大学及以上	19	3.07％

（2）家庭经营特征

样本农户的家庭经营特征如表4所示。对于农户兼业情况，被访问的农户中大多是纯农业户，共计500户，占总体的80.78％，即样本中4/5的农户家庭是农业为主。家庭总收入方面，样本农户的家庭总收入相对较高，其中，家庭总收入在10万～50万元的样本数量最多，占比在一半左右，有312户；而家庭总收入在50万元以上的农户最少，仅有52户，占比为8.40％。家庭劳动力方面，3～4人的最多，共计408户，占总样本量的65.91％，接近总体的2/3；其次是2人及以下的家庭，有123户，占总体的19.87％；家庭劳动力为5人及以上的农户家庭最少，有88户，占总体的14.22％。种植规模方面，以中小规模经营为主，超过70％的种植规模在10亩以下，还有11.79％的种植规模在10～50亩。总体而言，样本农户以纯农业户为主，农业纯收入较高，家庭劳动力占比较大，柑橘种植规模较大。

表4　样本农户的家庭经营特征

类别	选项	样本量（户）	比例（％）
兼业情况	纯农业户	500	80.78
	非纯农业户	119	19.22
家庭总收入	10万及以下	255	41.20
	10万～50万	312	50.40
	50万以上	52	8.40

续表

类别	选项	样本量（户）	比例（%）
家庭劳动力	2人及以下	123	19.87
	3～4人	408	65.91
	5人及以上	88	14.22
种植规模	3亩及以下	201	32.47
	3～10亩	281	45.40
	10～50亩	73	11.79
	50亩以上	64	10.34

（3）感知特征

农户的感知特征选取了环境感知、健康感知、收益感知、成本感知，具体在问卷中的题项分别为"您对绿色防控技术能够显著改善环境的看法""您对绿色防控技术有利于身体健康的看法""您对绿色防控技术能够让农产品卖个好价的看法""您对绿色防控技术会增加生产成本的看法"，选项为"1＝很不同意 2＝不同意 3＝不确定 4＝同意 5＝很同意"。

由表5可知，在四种感知中，农户表示同意题项看法（选择"4＝同意"或"5＝很同意"）的总量均超过样本总数的一半。其中，环境感知为77.7%，健康感知为63.0%，收益感知为61.1%，成本感知为65.6%。这表明大多数样本农户认同绿色防控技术对于环境、健康、收益、成本等方面的正向影响，也认可绿色防控技术能够在生态、经济等方面带来好处。尤其在生态环境方面，农户对于绿色防控技术能改善环境的看法认同度最高。这可能是由于农户意识到过去粗放的生产方式确实造成了土壤污染、水体污染等环境问题，而绿色生产技术的使用可以降低对环境的污染，推动农业的可持续发展。此外，在四种感知中，农户选择"4＝同意"的样本量最多，比例分别为61.9%、41.2%、45.9%、38.6%；选择"1＝很不同意"的样本量最少，均不足5%。还有部分农户表示不清楚绿色防控技术带来的影响（选择"3＝不确定"），占比在10%～25%，可能是由于农户没有使用过绿色防控技术或是在使用初期，不了解绿色防控技术的具体作用。

表 5 样本农户的感知特征

类别	环境感知		健康感知		收益感知		成本感知	
	样本量 （户）	比例 （％）	样本量 （户）	比例 （％）	样本量 （户）	比例 （％）	样本量 （户）	比例 （％）
1＝很不同意	18	2.9	26	4.2	30	4.8	18	2.9
2＝不同意	57	9.2	63	10.2	66	10.7	46	7.4
3＝不确定	63	10.2	140	22.6	145	23.4	149	24.1
4＝同意	383	61.9	255	41.2	284	45.9	239	38.6
5＝很同意	98	15.8	135	21.8	94	15.2	167	27.0
总计	619	100	619	100	619	100	619	100

2. 样本农户的合作社社会化服务参与特征

样本农户不同类型农业社会化服务的参与情况如表 6 所示。本研究结合理论研究与实际调查的情况，主要从农资统购、农机作业、生产管理、技术培训、分拣定级、包装贴牌、仓储运输、农产品收购这 8 种具体的农业社会化服务进行统计和分析。在 8 种合作社社会化服务中，有 3 种服务样本农户的参与率超过了 50％，分别是技术培训、农资统购和生产管理，占比为 63.65％、62.20％和 52.50％。由此可以看出农户更重视农资统购这类与其经济利润关联度大的服务，符合以利润最大化为目标的"有限理性社会人"假设。同时，样本农户都比较重视产中阶段的服务参与，想要寻求专业服务来获得更好的服务质量和产品质量。与此同时参与分拣定级、仓储运输、包装贴牌这 3 类服务的农户都不超过样本总量的 30％。由此可知样本农户对于柑橘产后阶段的一系列农业社会化服务不太重视，或者说他们没有意识到这类产后服务对于提高柑橘销售收入的作用。农产品收购的参与度最低，可能是因为合作社对于农产品收购的要求较高，尤其是对产品品质的高标准，就会出现部分成员因生产的农产品质量不过关而无法参与该项社会化服务的情况。

就合作社俱乐部服务与居间服务相比较而言，成员参与俱乐部服务的比例要远大于居间服务的参与度。可能是因为合作社提供的俱乐部服务多于居间服务，一般情况下，除非合作社俱乐部服务不能满足成员的需求，成员才会选择合作社居间服务。还可能是由合作社自身组织和供给的俱乐部服务，成员的信任度较高，而居间服务的实际供给者是其他的社会化服务组织，虽然合作社在中间给予协调和帮助，但成员的意愿和实际参与度并不高。从具体的服务种类来看，技术培训服务相对特殊，参与该项服务的成员仅选择了合作社俱乐部服务，说明合作社在内部的技术培训服务开展情况较好，能够满足成员的生产需求，成员的满意度高，因此没有在技术培训上选择合作社居间服务。在仓储运输和农产品收购服务方面，参与合作社俱乐部服务和居间服务的比例差距不大，都在10％左右。这说明合作社在这两种服务上存在供给不足或其他问题，导致成员参与度不高。也有可能是部分收购商或者商贩直接将农户的柑橘从果园买走，农户对于这两项服务的需求并不高，不用再找合作社进行收购和仓储运输。

表6 合作社不同类型农业社会化服务参与情况

服务项目	合作社社会化服务		合作社俱乐部服务		合作社居间服务	
	样本量（户）	比例（％）	样本量（户）	比例（％）	样本量（户）	比例（％）
农资统购	385	62.20	340	54.9	45	7.3
农机作业	252	40.71	194	31.34	58	9.37
生产管理	325	52.50	281	45.40	74	11.95
技术培训	394	63.65	394	63.65	0	0
分拣定级	130	21.00	100	16.16	30	4.84
包装贴牌	140	22.62	118	19.06	42	6.79
仓储运输	160	25.85	73	11.79	66	10.66
农产品收购	112	18.09	62	10.02	50	8.08

3. 样本农户的绿色防控技术采纳特征

本研究结合理论研究与四川省绿色防控技术实际的情况，着重从理化诱控、生物防治、生态调控、科学用药四种绿色防控技术进行统计和分析，如表7所示。其中，理化诱控技术包括物理诱杀和信息素诱控，生物防治技术包括生物农药和人工释放天敌，生态调控技术包括抗病虫品种和生草覆盖技术，科学用药技术包括精准配药和遵守农药安全间隔期。表7汇总了样本农户绿色防控技术的采纳情况。从表中可以看出，采用最多的是遵守农药安全间隔期，农户采用数为546户，采用率高达88.21％。遵守农药安全间隔期是农业生产最基本的要求，不仅是对我国农产品安全的相关法律条例的遵守，也是保障农业生产安全的重要措施。其次是抗病虫品种技术，有508户，采用率也超过80%，说明了抗病虫品种技术已经得到了较为广泛的应用。物理诱杀技术和精准配药技术的采用率也超过了50%，这可能是因为这两种绿色防控技术的技术门槛比较低，大多数农户都能较快较好掌握。然后是信息素诱控技术和生物农药技术，分别有167和135户农户采用，采用率为26.98%和21.81%。采纳这两种技术需要农户具有较高的技术水平，一旦操作失误，农户难以进行补救。因此，农户对于采用这两种技术的成本和风险预期较高，从而造成了采用率不高。最后是人工释放天敌技术和生草覆盖技术，采用率都低于20%。这两种绿色防控技术的难度较大，专业技术要求较高，农户不容易学习和掌握。同时，采用该技术风险大，如果操作不当，不仅原有效果难以实现，还会造成其他问题。

表7 绿色防控技术采纳情况

类别	绿色防控技术	样本量（户）	比例（%）
理化诱控	物理诱杀	431	69.63
	信息素诱控	167	26.98
生物防治	生物农药	135	21.81
	人工释放天敌	114	18.42
生态调控	抗病虫品种	508	82.07
	生草覆盖	97	15.67
科学用药	精准配药	363	58.64
	遵守农药安全间隔期	546	88.21

四、合作社社会化服务对成员绿色防控技术采纳的实证分析

（一）模型设定

1. 泊松回归模型

对于农户技术采纳行为的研究，学者较多采用二元 Logit 或 Probit 模型，

但本研究主要考察的绿色防控技术是一个多项具体技术的联合，因此简单地把技术采纳看成二分变量可能导致结果缺乏系统性和综合性。同时，被解释变量为成员所采纳的绿色防控技术个数，是离散的计数变量。而针对计数数据，通常采用泊松回归或是负二项回归模型。本研究的被解释变量"绿色防控技术"不存在"零堆积"现象，且成员绿色防控技术采纳个数的均值与方差接近，表明不存在过度分散效应。因此，本研究采用泊松回归模型来估计合作社社会化服务对成员绿色防控技术采纳的影响。

Y_i 为被解释变量，表示成员绿色防控技术采纳个数，假设观测值 y_i 都来自一个服从参数为 λ_i 的泊松分布，则其具体函数形式为：

$$p\left(Y_i = y_i \mid x_i\right) = \frac{e^{-\lambda}\lambda_i{}^{y_i}}{y_i!} \tag{1}$$

（1）式中，$x_i(i = 1, 2, \cdots, n)$ 表示影响成员绿色防控技术采纳的各项因素，包括解释变量合作社社会化服务和众多的控制变量；参数 λ_i 表示对数线性模型，即 $\ln\lambda_i = \beta'x_i$。同时，满足泊松分布的被解释变量的期望值如下：

$$E\left(Y_i \mid x_i, \beta\right) = \lambda_i = e^{\beta'x_i} \tag{2}$$

2. 内生转换回归模型

异质性成员参与合作社社会化服务可能造成自选择问题，即成员是否参与合作社社会化服务是在各种约束条件下做出的选择。此外，因为不能同时观测到同一个成员在参与合作社社会化服务和未参与合作社服务两种状态下对绿色防控技术采纳的情况，所以无法直接估计参与合作社社会化服务对成员绿色防控技术采纳的影响。因此，本研究采用 Lokshin 和 Sajaia（2004）提出的内生转换回归（Endogenous Switching Regression，ESR）模型，运用反事实框架预测合作社社会化服务对成员绿色防控技术采纳的影响。其优势在于：第一，不仅可以控制由成员参与合作社社会化服务的自选择问题带来的内生性问题，还同时考虑了可观测变量和不可观测变量的影响；第二，能够实现反事实估计，使用完全信息最大似然估计能够控制有效信息的遗漏问题，估计结果有更高的可信性。

在第一阶段，将成员是否参与合作社社会化服务作为处理变量，构建行为方程，用 Probit 模型进行回归；再根据成员是否使用合作社社会化服务将成员分成参与组和未参与组两个样本组，将第一阶段得出的逆米尔斯比率和误差项的协方差代入影响成员采纳绿色防控技术的方程（结果方程），得到参数的一致估计。因此，ESR 模型可以同时估计以下 3 个方程：

成员合作社社会化服务参与行为方程：

$$A_i = \gamma Z_i + \mu_i \qquad (3)$$

方程（3）中，Z_i 表示所有可观测到的影响成员是否参与合作社社会化服务的变量；μ_i 是误差项，表示不可观测的影响因素。A_i 表示实际观测到的成员是否参与合作社社会化服务的选择结果，$A_i = 1$ 表示成员参与合作社社会化服务；$A_i = 0$ 表示成员未参与合作社社会化服务。

成员绿色防控技术采纳结果方程：

$$Y_{i1} = \beta_{i1} X_i + \varepsilon_{i1} \quad A_i = 1 \qquad (4)$$

$$Y_{i0} = \beta_{i0} X_i + \varepsilon_{i0} \quad A_i = 0 \qquad (5)$$

方程（4）和（5）分别表示参与合作社社会化服务与未参与合作社社会化服务成员的绿色防控技术采纳方程。其中，Y_{i1} 和 Y_{i0} 分别表示成员参与和未参与合作社社会化服务的绿色防控技术采纳的潜变量，X_i 是一系列影响成员绿色防控技术采纳的协变量，ε_{i1} 和 ε_{i0} 均表示结果方程的误差项。

在得到上述模型的相关参数的估计结果后，估计实际情况和反事实情况下成员是否参与合作社社会化服务对其绿色防控技术采纳的期望值，进而估计成员参与合作社社会化服务对绿色防控技术采纳的处理效应。由此得到：

处理组（$A_i = 1$）样本参与合作社社会化服务对绿色防控技术采纳处理效应为：

$$\text{ATT} = E[Y_{i1} \mid A = 1] - E[Y_{i0} \mid A = 1] \qquad (6)$$

对照组（$A_i = 0$）样本参与合作社社会化服务对绿色防控技术采纳处理效应为：

$$\text{ATU} = E[Y_{i1} \mid A = 0] - E[Y_{i0} \mid A = 0] \qquad (7)$$

（二）变量选取及描述性统计分析

1. 变量选取

（1）被解释变量。成员绿色防控技术采纳程度是本研究的被解释变量。本研究结合已有文献和四川省绿色防控技术的实际推广情况，分别从理化诱控中选择物理诱杀和昆虫信息素诱控技术，从生物防治中选择生物农药和人工释放天敌技术，从生态调控中选择抗病虫品种和生草覆盖技术，从科学用药选择精准配药和遵守农药安全间隔期作为本研究的技术对象。首先，以二元变量的形式表征各项技术的采纳情况，再将这8项技术的采纳情况加总，得到0～8中的某一数值来表征成员绿色防控技术采纳程度。

（2）解释变量。本研究把合作社社会化服务参与设置为二元离散变量。调研问卷中的相关问题为："您是否参与所在合作社提供的农业社会化服务？"若回答"是"，说明该成员参与了合作社社会化服务，赋值为1，否则赋值为0。在区分不同类型的合作社社会化服务时，在参与合作社社会化服务的样本中，用"该项服务是否为合作社直接为内部成员提供的"来表征合作社俱乐部和居间服务，若回答"是"，则表示成员参与了合作社俱乐部服务，"否"则表征成员参与了合作社居间服务。

（3）控制变量。本研究在农户行为理论、技术接受模型的基础上，参考相关文献后，从户主个体特征、家庭经营特征、感知特征、政府规制特征四方面选择控制变量。本研究用户主年龄、受教育程度表征户主的个体特征；用家庭总收入、外出劳动力、种植规模表征户主的家庭经营特征。而感知特征包括对绿色防控技术的环境感知以及成本感知，政府规制特征包括政府监督和政府宣传。

（4）工具变量。为了克服合作社社会化服务参与行为的内生性问题，内生转换回归模型要求至少选取一个符合条件的工具变量。依据周慧颖等（2019）的研究结果可知，成员对理事长的信任程度会直接影响成员是否使用合作社社会化服务，但并不会对成员采纳绿色防控技术的决策产生直接影响。因此，"理事长信任度"相对于成员采纳绿色防控技术行为是严格外生的，选择这个变量作为工具变量满足外生性条件。本研究选取"理事长信任度"作为工具变量。调研问卷中的相关问题为："您对所在合作社理事长的信任程度如何？"问项的设计采用李克特五分量表，回答及赋值具体为"1＝非常低；2＝比较低；3＝一般；4＝比较高；5＝非常高"。

（5）中介变量。为了探究合作社社会化服务对成员绿色防控技术采纳的影响机制，本研究选取"信息丰富度"作为中介变量，分析信息丰富度是否在合作社社会化服务对成员绿色防控技术采纳的影响中发挥中介作用。调研问卷中的相关问题及选项为："合作社提供的绿色防控技术相关信息的丰富程度：1＝很低；2＝比较低；3＝一般；4＝比较高；5＝很高。"

2. 描述性统计分析

从表 8 中可以看出成员的绿色防控技术采纳程度大致呈现正态分布，全样本中只有 8 个成员农户未采纳绿色防控技术，在被解释变量 9 个取值中占比最低，仅占 1.29%，说明绝大多数成员都采纳了绿色防控技术。但是，只有"采纳 2 种""采纳 3 种"和"采纳 4 种"的样本量超过 100，"采纳 5 种"的样本量为 95，其余采纳程度更高的样本量所占比例都不足 10%，并且依次递减。可以看出，大多数成员的实际采纳程度在 2~5，占比超过 70%，采纳程度属于中等偏低的情况。

表 8 被解释变量取值情况

被解释变量取值	具体表现	样本量（个）	比例（%）
0	未采纳	8	1.29
1	采纳 1 种	44	7.11
2	采纳 2 种	103	16.64
3	采纳 3 种	147	23.75
4	采纳 4 种	109	17.61
5	采纳 5 种	95	15.35
6	采纳 6 种	56	9.05
7	采纳 7 种	33	5.33
8	采纳 8 种	24	3.88

由表 9 可知，在本次调研的 619 户成员中，被解释变量的均值为 3.814，这说明样本成员的绿色防控技术采纳程度不高，这与我国绿色防控技术采纳程度较低的现状吻合。在解释变量中，参与合作社社会化服务的成员为 473 户，占比为 76.41%，未参与合作社社会化服务的成员为 146 户，占比为 23.59%。这说明样本中参与合作社社会化服务的成员数量较多，这与我国合作社社会化服务发展态势较好的现状相对应。此外，样本中参与合作社俱乐部服务的成员为 454 户，占比为 73.34%；样本中参与合作社居间服务的成员为 107 户，占比为 17.29%。可以看出大多数成员都参与了合作社俱乐部服务，而对合作社居间服务参与度不高。

在户主特征中，从619个样本中户主年龄构成来看，年龄跨度由26岁到78岁，平均年龄为56.36岁，这表明样本成员户主大多为中老年，老龄化问题较为凸显。从户主受教育程度来看，样本成员的平均受教育年限为7.45年，不足义务教育的年限数，表明样本成员的整体受教育程度偏低。从家庭经营特征中的家庭劳动力来看，样本成员的家庭劳动力人数占家庭总人数的比例为0.759，说明家庭务农人数较为充足，具备一定的禀赋基础。从种植规模和家庭总收入来看，样本家庭的平均种植规模和家庭总收入分别为25.414亩和26.201万元，这说明样本的整体家庭经营水平较高，这一点从前文的样本特征中也可以看出。认知特征中，生态价值认知和经济价值认知的平均值分别为3.785和3.793，可以看出样本成员普遍认同绿色防控技术能够改善环境，但它的成本相对较高的观点。政府规制中，政府监督和政府宣传的平均值分别为0.729和0.864，这说明目前70%以上的样本成员生产行为得到政府的监管，政府的监督水平较高；同时，政府绿色生产宣传的普及率也较高，超过样本的80%。

表9　变量描述性统计

变量	变量定义及赋值	均值	标准差
被解释变量			
绿色防控技术	绿色防控技术采纳个数（0～8）	3.814	1.826
解释变量			
合作社服务	是否参与合作社提供的农业社会化服务？1＝是，0＝否	0.764	0.425
俱乐部服务	是否参与合作社直接为组织内部成员提供的服务？1＝是，0＝否	0.733	0.443
居间服务	是否参与合作社从外界主体获取的服务？1＝是，0＝否	0.173	0.378
控制变量			
年龄	农户的实际年龄（单位：岁）	56.363	9.044
受教育程度	农户的实际受教育年限（单位：年）	7.447	3.485
家庭劳动力	劳动力人数占家庭总人数的比例	0.759	0.232
家庭总收入	2020年农户家庭的实际总收入（单位：万元）	26.201	68.994

变量	变量定义及赋值	均值	标准差
种植规模	实际柑橘种植规模（单位：亩）	25.414	74.521
环境感知	对于"绿色防控技术能够显著改善环境"的看法：1＝很不同意；2＝不同意；3＝不确定；4＝同意；5＝很同意	3.785	0.919
成本感知	对于"绿色防控技术会增加农业生产成本"的看法：1＝很不同意；2＝不同意；3＝不确定；4＝同意；5＝很同意	3.793	1.014
政府监督	政府是否对农户安全种植行为进行监督？1＝是，0＝否	0.729	0.445
政府宣传	政府是否开展过绿色防控技术方面的宣传？1＝是，0＝否	0.864	0.343
工具变量			
理事长信任度	对于合作社理事长的信任程度：1＝很低；2＝比较低；3＝一般；4＝比较高；5＝很高	4.126	0.887
中介变量			
信息丰富度	对合作社提供绿色防控技术相关信息丰富度的看法：1＝很低；2＝比较低；3＝一般；4＝比较高；5＝很高	3.192	1.240

工具变量方面，理事长信任度的平均值为 4.126，同时，理事长信任度为 4 或 5 的样本量占比超过 80%，这说明成员对于理事长的信任度较高。通常来说，成员愿意加入合作社，参与合作社社会化服务就是对合作社理事长信任的一种表现，而合作社理事长一般又是由村干部或大户担任，具有一定的社会地位、声誉和较强的组织能力、管理能力，也是成员对理事长的信任度会偏高的原因。

中介变量方面，信息获取丰富度平均值为 3.192，标准差为 1.240，详见表 10。具体表现为，不同成员对于合作社提供绿色防控技术相关信息丰富度的看法具有一定的差异，但总体来看，样本成员对于合作社提供绿色防控技术相关信息了解的丰富程度一般。可能的原因有以下两点：第一，这在一定程度上反映了合作社在绿色防控技术的宣传和推广可能还不到位，对于技术本身的运用以及相关政府对绿色防控技术政策等方面的信息传达可能存在不足；第二，由于成员自身的资源禀赋存在一定的差异，不同成员对于合作社提供的绿色防控相关信息的吸收程度不同。

表 10　工具变量和中介变量取值情况

变量取值	理事长信任度（工具变量）		信息获取丰富度（中介变量）	
	样本量（个）	比例（%）	样本量（个）	比例（%）
1	10	1.62	100	16.16
2	35	5.65	130	21.00
3	64	10.34	135	21.81
4	288	46.53	260	42.00
5	232	37.48	65	10.50

表 11 报告了按"是否参与合作社服务"分组的各变量均值 t 检验结果。第 2 列和第 3 列分别表示参与和未参与合作社服务样本各变量的均值，第 4 列为两组样本的均值差异。结果表明两组样本在绿色防控技术、信息丰富度、年龄、受教育程度、种植规模、环境感知、成本感知、政府监督、政府宣传等方面均存在显著差异。在主要变量中，参与合作社服务的成员的绿色防控技术采纳个数、信息丰富度和理事长信任度的均值分别为 4.038、3.301、4.297，都要显著高于未参与合作社服务的成员。在户主个人特征中，参与和未参与合作社服务成员的年龄和受教育程度都存在显著差异，相较于没有参与合作社服务的农户，参与合作社服务的户主平均年龄更小；但其受教育程度更高。在家庭经营特征中，参与合作社服务的成员家庭平均种植规模约为 31 亩，显著大于未参与合作社的成员家庭 7.4 亩的平均种植规模。在感知特征中，参与和未参与合作社服务成员的环境感知和成本感知都存在显著差异，样本均值差异分别为 0.660、0.536。在政府规制特征中，参与和未参与合作社服务成员的政府监督和政府宣传都存在显著差异，样本均值差异分别为 0.165、0.190。虽然可以从表 11 看出在参与和未参与合作社服务情况下一些变量的均值存在显著差异，但并不能由此得出这些差异是合作社服务带来的。因此，本研究还将采

用内生转换回归模型准确论证合作社服务对成员绿色防控技术采纳的影响。

表 11 各变量的均值差异

变量	参与	未参与	有无参与合作社服务样本的均值差异
绿色防控技术	4.038	3.089	0.949***
信息丰富度	3.301	2.528	0.773***
理事长信任度	4.297	3.563	0.734***
年龄	55.495	59.178	−3.683***
受教育程度	7.865	6.096	1.769***
家庭劳动力	0.743	0.809	−0.066
家庭总收入	28.272	19.492	8.780
种植规模	30.974	7.400	23.574***
环境感知	3.941	3.281	0.660***
成本感知	3.920	3.384	0.536***
政府监督	0.768	0.603	0.165***
政府宣传	0.909	0.719	0.190***
样本量	473	146	

注:***代表在1%的统计水平上显著。

(三) 主效应实证结果及分析

1. 基准模型结果及分析

在进行实证分析前,本研究使用了方差膨胀因子检验变量的多种共线性问题,各变量间的方差膨胀因子均小于3,表明不存在多重共线性问题。本研究借助 Stata15 软件处理实证分析部分 (实证结果详见表12),可见 OLS 回归和泊松回归模型都运行良好,且模型估计结果具有较强的稳健性。

更重要的是,两种模型下的合作社社会化服务至少在5%的统计水平上显著促进了成员绿色防控技术采纳,加入控制变量后,结论依然成立。本研究假说 H1 得到验证,即合作社社会化服务对成员绿色防控技术采纳存在显著的正向影响。进一步来看,依据泊松回归模型第 (2) 列结果来看,在其他条件保持不变的情况下，相比于未参与合作社社会化服务的成员，参与合作社社会化服务的成员绿色防控技术采纳的期望计数显著高出12.5%。其可能的解释为：绿色防控技术作为新生事物，绿色防控技术的采纳行为很大程度取决于农户的理性预期。而农户的理性行为受制于他们所掌握的知识、信息等，农户的社会信息网络的相对封闭使得其所做出的选择更多的是基于已知信息。在未参与合作社社会化服务时，成员可能对绿色防控技术缺乏了解，但通过合作社提供的各类社会化服务，成员可以获取绿色防控技术本身以及相关信息，并了解该技术的潜在成本和预期收益情况。一方面，绿色防控技术通过对病虫害进行干预，减少农户对化学农药的依赖，有利于减少农药施用次数，降低购买成本，提升经济效益；另一方面，绿色防控技术的采用还增强了柑橘果树的抗病防虫能力，增加优质柑橘产出，提升柑橘的附加值与市场竞争力，带来农业收入的提高。因此，理性的成员会出于经济效益选择绿色防控技术或提高绿色防控技术采纳程度。

控制变量方面，绝大部分变量也会显著影响到成员绿色防控技术采纳，且结果与以往文献基本一致。但是，家庭总收入、成本感知这两个变量对于成员绿色防控技术采纳的影响不显著。根据农户个体特征来看，年龄对成员绿色防控技术采纳的正向影响在10%的统计水平通过显著性检验。可能的原因是年龄较大成员多年的生产管理实践有助于其认识到绿色防控技术的价值，进而选择采纳绿色防控技术。受教育程度对成员绿色防控技术采纳在1%的统计水平上有显著正向影响。表明成员受教育程度越高，越能认识到绿色防治带来的收益，同时更有能力理解和响应有关绿色防控技术的政策和信息，正确使用绿色防控技术的能力更强。在家庭特征中，家庭劳动力与种植规模都对成员绿色防控技术采纳有影响，且在1%的统计水平上正相关，与熊文晖等和杜三峡等得出结论相似。部分绿色防控技术需要一定的劳动力支持，相对于劳动力较少、较弱的家庭而言，拥有较多的年轻劳动力的成员家庭采纳绿色防控技术的可能性越大。而种植规模的影响体现在绿色防控技术采纳的规模效应，种植规模较大的农户采纳绿色防控技术的单位成本要低于规模较小的农户。因此，从经济利益出发，种植规模越大的农户越可能采纳绿色防控技术。从价值感知来讲，环境感知在5%的统计水平上通过显著性检验，表明农户对农业生产行为的环境效益越认可，越有可能选择该生产行为，这一结论与杨彩艳等得出的类似。这也侧面反映了农户越来越意识到环境对于生产生活的重要性，有利于推动农业可持续发展，获取长期有效的农业收益。此外，政府监督和政府宣传与成员绿色防控技术采纳都是正相关，且都在1%的统计水平上显著。由于绿色防控技术存在的正外部性，使得政府对绿色市场的完善和补充显得十分必要，政府相关制度的安排将引导和规范农户的生产行为，有利于促进绿色农产品的生产与供给。

表12 合作社社会化服务对成员绿色防控技术采纳影响的模型估计结果

变量	OLS		泊松回归	
合作社服务	0.949*** (0.169)	0.436*** (0.164)	0.268*** (0.052)	0.125** (0.056)
年龄		0.018** (0.009)		0.005* (0.003)
受教育程度		0.102*** (0.023)		0.028*** (0.008)
家庭劳动力		1.127*** (0.284)		0.001*** (0.000)
家庭总收入		−0.001 (0.001)		−0.000 (0.000)
种植规模		0.005*** (0.001)		0.001*** (0.000)
环境感知		0.253*** (0.085)		0.070** (0.028)
成本感知		−0.089 (0.073)		−0.019 (0.023)
政府监督		0.902*** (0.168)		0.259*** (0.057)
政府宣传		0.585*** (0.224)		0.222*** (0.083)
常数项		−1.005 (0.766)		−0.047 (0.250)
R^2	0.049	0.244		
Pseudo R^2			0.011	0.055
F值	31.61***	19.62***		
LR chi^2			27.64***	136.73***

注：***、**、*分别代表在1%、5%和10%的统计水平上显著；括号内为标准误。下同。

2. 基于内生转换回归模型的内生性分析

表13中"理事长信任度"的估计系数表明，该变量对参与合作社社会化服务有显著影响。当用OLS模型估计工具变量对成员绿色防控技术采纳的影响时，该工具变量的估计结果不显著（$p=0.223$）。参与合作社社会化服务影响成员绿色防控技术采纳的工具变量模型（IV−2SLS）估计结果显示，第一阶段F值为18.471＞10，根据经验准则表明，"理事长信任度"不是弱工具

变量。因此，"理事长信任度"作为工具变量是合适的。根据表 13 中 ESR 的模型结果显示，模型拟合优度检验都在 1% 水平上显著；方程独立性检验值（LR 值）为 2.72，在 10% 的统计水平上拒绝了行为方程和结果方程相互独立的原假设，以及合作社社会化服务模型与成员绿色防控技术采纳模型联立估计的误差项相关系数（ρ_1）在 1% 的统计水平上显著，表明模型确实存在样本选择性偏误。因此，本研究采用 ESR 模型是合适的。

表 13 的第 2 列报告了参与合作社社会化服务影响因素的估计结果。家庭经营特征、感知特征等对成员是否选择参与合作社社会化服务具有显著影响。在行为方程的回归结果中，种植规模在 1% 的统计水平上显著，且系数为正，表明土地规模越大的成员，选择参与合作社社会化服务的概率也越高。这与陈吉平等（2022）的研究结论相吻合，其原因可能是大规模的农户更希望通过合作社社会化服务来节约交易成本以及实现产品的顺利销售。环境感知在 1% 的统计水平上显著，并且系数为正，表明对绿色防控技术能改善环境这一观点更认同的成员更有可能选择参与合作社社会化服务。这可能是因为，环境感知较高的成员更愿意去了解和学习与其生产行为相关的事物，更有可能认识到参与合作社社会化服务重要性，进而影响他们对合作社社会化服务的参与决策。理事长信任度在 1% 的统计水平上正向显著影响成员参与合作社社会化服务，表明对理事长的信任度越高，农户越有可能参与合作社提供的社会化服务。

表 13 的第 3 列和第 4 列分别报告了参与合作社服务和未参与合作社服务的成员绿色防控技术采纳影响因素的估计结果。结果表明，家庭劳动力对参与和未参与合作社服务的成员绿色防控技术采纳都有显著影响，且家庭劳动力占比越多，成员采纳绿色防控技术程度越高。这是因为绿色防控技术属于劳动力密集型技术，对于劳动力有一定的需求量，劳动力占比越多的家庭绿色防控技术采纳越多。相较于在前文的泊松回归模型中经济价值感知的影响不显著，在此处，经济价值感知对参与合作社服务成员的绿色防控技术采纳具有显著影响，且在 5% 的统计水平上负相关。该结论和项朝阳、纪楠楠（2021）以及张淑娴等（2019）等学者的发现是一致的，说明感知对农户绿色防控技术采纳有显著影响。这也反映了绿色防控技术目前存在早期成本投入过大、性价比较低等问题，例如生物农药的制作原料和制作工艺成本较高，使得其市场采购成本普遍高于化学农药，因而农户对生物农药的采纳程度不高。

表 13 合作社社会化服务对成员绿色防控技术采纳影响的 ESR 模型估计结果

变量	行为方程 （是否参与合作社服务）	结果方程（成员绿色防控技术采纳）	
		参与	未参与
年龄	0.013 (0.009)	0.023** (0.011)	-0.001 (0.017)
受教育程度	0.025 (0.022)	0.112*** (0.028)	0.033 (0.046)
家庭劳动力	-0.403 (0.267)	1.156*** (0.337)	0.970* (0.571)
家庭总收入	-0.002 (0.002)	-0.002 (0.002)	-0.001 (0.002)
种植规模	0.009*** (0.003)	0.004*** (0.001)	0.003 (0.007)
环境感知	0.205*** (0.078)	0.238** (0.105)	0.113 (0.200)
成本感知	0.040 (0.067)	-0.185** (0.091)	0.208 (0.134)
政府监督	0.056 (0.151)	1.022*** (0.199)	0.433 (0.297)
政府宣传	0.237 (0.197)	0.783*** (0.293)	0.333 (0.368)
理事长信任度	0.327*** (0.085)		
常数项	-2.436*** (0.753)	-0.582 (1.005)	0.710 (1.457)
ρ_1	-0.364** (0.173)		
ρ_0	0.086 (0.357)		
模型拟合优度检验	110.28***		
方程独立性检验	2.72*		
样本量	619		

在合作社社会化服务对成员绿色防控技术采纳影响的平均处理效应估计结果（见表 14）中，ATT 的值为 0.402，t 值为 8.56，在 1% 的统计水平上通过显著性检验。这表明 473 位参与合作社服务的成员绿色防控技术采纳程度比这些成员没有参与合作社服务时（反事实）的绿色防控技术采纳程度提高了 40.2%。ATU 估计值为 1.321，t 值为 12.36，在 1% 的统计水平上显著。其含义是，146 位未参与合作社服务的成员参与合作社服务时（反事实）的绿色防控技术采纳程度比这些成员没有参与合作社服务时的绿色防控技术采纳程度提高了 132.1%。以上结果表明合作社社会化服务对于成员绿色防控技术的采纳具有促进作用。

表 14　合作社社会化服务对成员绿色防控技术采纳影响的平均处理效应

成员类型	绿色防控技术采纳程度		ATT/ATU	t 值
	参与合作社服务	未参与合作社服务		
参与合作社服务的成员	4.037	3.635	0.402***	8.56
未参与合作社服务的成员	4.410	3.089	1.321***	12.36

3. 稳健性检验

为了进一步验证分析结果的稳健性，将内生转换模型替换为 PSM 模型展开了稳健性检验。

首先，要对参与合作社社会化服务的样本和未参与合作社社会化服务的样本进行倾向值匹配。具体方法是先建立影响成员参与合作社社会化服务的 Logit 模型（文中的控制变量全部纳入模型），然后基于 Logit 模型结果估计出的成员参与合作社社会化服务的倾向值进行匹配。表 15 呈现了经过匹配后参与合作社社会化服务和未参与合作社社会化服务的两组成员样本对绿色防控技术采纳的平均处理效应，三种匹配方法得出的 ATT 的数值都为正，且都至少在 5% 的统计水平上通过了显著性检验，表明使用合作社社会化服务会促进成员绿色防控技术采纳是稳健、可信的。

具体来说，三种匹配方法得出的 ATT 的显著性和数值有所差异。其中，核匹配的 ATT 为 0.587，在 1% 的统计水平上显著，且其数值是三者中最大的；而半径匹配和最近邻匹配的 ATT 均在 5% 的统计水平上显著，半径匹配的 ATT 数值为 0.498，最近邻匹配的 ATT 数值为 0.572。此外，相较于内生转换模型得出的 ATT，PSM 模型的 ATT 则为 0.552，提高了 0.15。这是由于 PSM 模型只能纠正可观测变量存在的选择性偏误，因此对成员绿色防控技术采纳的正向影响有一定程度的高估。

表 15　PSM 模型的平均处理效应结果

匹配方法	处理组	控制组	ATT	标准误	t 值
最近邻匹配（$n=4$）	4.000	3.428	0.572**	0.203	2.81
半径匹配（0.01）	3.945	3.446	0.498**	0.191	2.61
核匹配	4.000	3.413	0.587***	0.183	3.21

匹配方法	处理组	控制组	ATT	标准误	t 值
平均值			0.552		

（四）进一步分析

1. 不同服务类型的影响差异分析

在研究合作社不同服务类型对成员绿色防控技术采纳的影响时，同时将俱乐部服务和居间服务纳入泊松回归模型，结果见表16。整体来看，泊松回归模型运行良好，Pseudo R^2 值为0.061，LR卡方值为150.55，且在1%的统计水平上通过了显著性检验。然而，两种服务类型对成员绿色防控技术采纳的影响存在差异。

合作社俱乐部服务的回归系数是0.240，且在1%的统计水平上显著，说明合作社俱乐部服务显著促进了成员绿色防控技术采纳，本研究假说H1a得到验证。这与储成兵（2015）和杨兴杰等（2020）等学者的研究结论一致。可能的解释是：合作社通过对成员提供俱乐部服务，为成员多元化服务提供了获取便利，提升了成员绿色防控技术可获得性，增强成员采纳绿色防控技术的易用性、有用性和经济感知，增强了成员采纳绿色防控技术的获利感知与自信心，进而促进成员绿色防控技术采纳。

合作社居间服务的回归系数是0.001，但没有通过显著性检验，说明合作社居间服务对成员绿色防控技术采纳影响不显著，假说H1b不成立。该研究结果的出现可能是因为合作社对实际由外部服务主体供给的居间服务的重视程度不够，认为居间服务只是少部分自己无法提供的服务的简单补充。只为成员和居间服务主体进行了简单对接，没有深入考察具体的服务内容和效果；也有可能是外部的服务组织对合作社内部成员绿色防控技术的需求了解较少，且在实际进行服务时由于距离较远，导致人力、物力成本较高等，进而使得外部服务组织的服务频率、效率不高。种种情形导致合作社居间服务没有真正服务到农户，流于形式、效果不佳，以至于居间服务没有显著影响成员的绿色防控技术采纳。

表16 合作社不同服务类型对成员绿色防控技术采纳影响的模型估计结果

变量	成员绿色防控技术采纳
俱乐部服务	0.240***（0.058）
居间服务	0.001（0.058）
控制变量	已控制
Pseudo R²	0.061
LR 卡方值²	150.55***

2. 信息丰富度的中介效应分析

为进一步探究信息丰富度在合作社社会化服务影响成员绿色防控技术采纳中的作用机理，本研究将信息丰富度作为中介变量，采用逐步回归法分析信息丰富度是否存在中介效应。由表17的第3列可知，合作社社会化服务对信息丰富度具有显著正向影响，表明合作社社会化服务可以有效缓解信息、技术、市场的壁垒，农户能够获取和掌握更多的技术信息和资源。社会网络是经营主体交流和获取生产经营信息的主要渠道，而参与合作社社会化服务会使农户拥有更好的社会网络资源。由表17的第4列可知，在基准回归模型中加入信息丰富度变量后，合作社服务与信息丰富度均对成员绿色防控技术采纳至少在10%的统计水平上有显著正向影响，且合作社服务的系数由基准回归中的0.125降为0.098，说明信息丰富度在合作社社会化服务促进成员绿色防控技术采纳方面具有部分中介效应，即成员通过参与合作社社会化服务有效提高成员对绿色防控技术的相关信息了解的丰富度，进而促进其绿色防控技术采纳。由此，假说H2得以验证。

为进一步验证中介效应，本研究还采用了Bootstrap检验方法，通过Bootstrap方法提供的置信区间来判断中介效应的存在与否。根据Bootstrap在95%的置信区间水平自抽样500次的检验结果，信息丰富度在合作社社会化服务影响成员绿色防控技术采纳中的中介效应显著，中介效应大小为0.101，占总效应比重为23.22%，进一步证实了假说H4。

表 17　合作社社会化服务对成员绿色防控技术采纳的中介影响机制

变量	合作社服务—信息丰富度—绿色防控技术		
	合作社服务	信息丰富度	绿色防控技术
合作社服务	0.125** (0.056)	0.411*** (0.109)	0.098* (0.056)
信息丰富度			0.068*** (0.0118)
控制变量	已控制	已控制	已控制
LR chi²	136.73***	168.19***	151.93***
Pseudo R²	0.055	0.089	0.061
Bootstrap 检验	显著		
中介效应	部分中介效应		

五、研究结论与对策建议

（一）主要研究结论

为了促进现代农业和小农户有机衔接，合作社社会化服务功能的有效发挥对破解农药滥用难题以及促进农业绿色可持续发展具有重要意义。本研究基于四川省 619 户柑橘合作社成员的调研数据，首先，对合作社社会化服务和绿色防控技术进行概念界定，梳理合作社社会化服务对成员绿色防控技术采纳的理论基础，并在此基础上分析其影响机理并提出研究假说。其次，通过整理宏观数据和调研数据，分析合作社社会化服务发展现状和合作社成员绿色防控技术采纳现状。在实证部分，首先，采用泊松回归模型分析合作社社会化服务对成员绿色防控技术采纳的影响，同时，使用内生转化回归模型控制其可能存在的内生性问题，并通过变换模型进行稳健性检验；其次，分析合作社不同服务类型对成员绿色防控技术采纳的影响；最后，探究信息丰富度在合作社社会化服务影响成员绿色防控技术采纳的中介作用。主要结论如下。

1. 合作社社会化服务与绿色防控技术发展总体向好，但存在部分服务参与和技术采纳程度不高的情况

合作社社会化服务方面，服务领域较广，多方面满足农户的服务需求，尤其在技术培训、生产管理等农业生产性服务方面发展较好。同时，存在服务质量不高、服务功能不全面的问题，导致成员参与度并不高。在绿色防控技术发展上，绿色防控技术的产业化程度和农户接受度都不是很高，尤其是专业技术要求较高的人工释放天敌、生物农药等生物防治技术。

2. 合作社社会化服务对成员绿色防控技术采纳有显著正向影响

对于合作社不同服务类型而言，合作社俱乐部服务存在显著正向影响，但合作社居间服务的影响并不显著。整体上看，合作社社会化服务能减轻或解决成员在技术采纳时的成本、技术本身以及施用风险等问题，从而促进成员的绿色防控技术采纳。但由于合作社对于自身俱乐部服务和居间服务的重视度差异，导致成员对两类服务的参与度存在较大差异，居间服务对成员的绿色防控技术采纳的影响甚微。

3. 信息丰富度在合作社社会化服务对成员绿色防控技术采纳的影响中起中介作用

成员可以通过参与合作社社会化服务更轻松、便捷获取绿色防控技术的相关信息，提高信息获取丰富度；而信息丰富度的提升使得成员对于绿色防控技术的感知加深，提升了成员对绿色防控技术的预期效益，进而促使成员采纳绿色防控技术。

（二）对策建议

本研究证实，合作社社会化服务可以提高成员的绿色防控技术采纳程度。依据本研究的结论，可从以下三方面提出政策建议。

1. 持续推进合作社俱乐部服务

第一，合作社应该加强内部人才队伍建设，定期对技术人员进行培训，提升技术人员能力，使其更好地为成员提供全程或半程生产管理以及对农业生产过程的监督，缓解成员绿色防控技术缺失问题；第二，加强对成员的绿色防控技术指导与培训。既可以是增加合作社内部技术人员对成员的培训次数，也可外聘专家对成员进行培训。为农户提供全程化、精准化和个性化技术服务以及

强化培训后的现场指导和监督，降低成员由于技术不熟而造成损失的生产风险；第三，可以建立可视化管理平台，详细记录合作社管理的位置、面积、具体管理时间节点等信息，让成员随时可查看和掌握合作社的服务质量，此外，该平台的建立还有利于对农产品的质量进行监管。

2. 进一步强化合作社居间服务

第一，合作社要强化自身能力，提升市场竞争能力，强化其议价、谈判能力；第二，合作社加强对其他农业社会化服务组织的甄别能力，提高准入条件（如农业社会化服务组织的技术人员能力、服务内容、服务效率），并签订合约，为成员使用其他农业社会化服务组织的服务提供保障；第三，合作社可对采用绿色防控技术的农产品进行质量检测，并对不同质量的农产品匹配不同的销售渠道，实现农产品优质优价，推动成员采纳绿色防控技术的内生循环；第四，打好"组合拳"，使合作社俱乐部服务和居间服务相互补充，全面赋能成员农业绿色生产效益。

3. 丰富合作社和农户的信息获取

第一，合作社应拓展政府、企业、交易商等资源还需加入相关协会、交流群等开辟网络信息资源，丰富合作社自身的信息渠道；第二，构建信息平台，将所获得的市场、技术、政策等信息用易于理解的方式录入平台，使得成员可根据自身需求去平台检索信息；第三，强化合作社与成员间的联系，在服务过程中向成员传递信息，使得信息能够充分渗透到成员，缓解成员信息不对称问题。

（三）研究不足与展望

本研究构建了合作社社会化服务影响成员绿色防控技术采纳的框架，并通过四川省柑橘种植户和合作社的实地调研数据进行实证分析，但本研究也存在些许不足。

1. 样本问题

本研究分析合作社社会化服务对成员绿色防控技术采纳的影响，但收集数据时发现真正规范发展的柑橘专业合作社数量较少。同时，研究数据仅为2021年的情况，后续的发展无从得知；且在调查时，部分农户主观性较强，可能没有完全客观地反映现实情况。未来在针对农户的调研可以尝试尽量选择同村、同农户进行面板数据的收集，验证结果的可靠性。

2. 细节扩充

因本研究的框架主线问题，笔者就合作社社会化服务对成员绿色防控技术采纳的影响进行了研究，但未对具体的不同的服务带来的影响逐一分析，尤其是对农产品加工、包装、仓储、物流等产后服务；未来可考虑对具体的单一的服务影响农户生产行为的方式和程度等进行剖析。

专题二　乡村旅游合作社发展研究报告[①]

　　作为促进小农户和现代农业发展有机衔接的新型农业经营主体，农民专业合作社（下文简称"农民合作社"）在 2007 年《中华人民共和国农民专业合作社法》正式实施后蓬勃发展，并已逐渐成为农业现代化建设的中坚力量。乡村旅游合作社是农民合作社的一种重要类型，可以充分发挥城乡联动、要素融通的发展优势，能够有效盘活乡土资源、对接社会资本，从而推动乡村产业振兴。乡村旅游合作社的发展，嵌入乡村社会结构与社会关系，可以将乡村旅游发展所需的生产要素进行有效整合和合理配置，从而有利于促进农户就业创业、拓宽农户增收渠道和增加村集体收入，对于加快农业农村现代化具有重要意义。

　　作为一种深度嵌入社会政治结构的经济组织，乡村旅游合作社的发展涉及政府、村级组织、企业、农户等多个利益主体。这些主体在乡村旅游合作社发展的不同阶段扮演着不同角色，呈现多元复合型博弈关系。具体来讲，乡村旅游合作社在对村社资源进行整合和改造的过程中，通过吸引外来投资、获得政府补贴和鼓励农户成员出资来集聚资本。由于乡村旅游合作社货币偏好的出资认定方式、经济偏向的资源要素化过程和市场导向的经营业务转型升级，多数农户成员逐渐丧失了在村社资源供给方面的优势。乡村旅游合作社不断积累的资本和相对有限的村社资源，导致在不同成员间形成内在张力，从而加剧合作社成员异质化程度。乡村旅游合作社成员的资源禀赋状况在很大程度上决定了其在收益分配格局中的地位，资本占有量大的成员享有更多的合作社控制权。乡村旅游合作社利益主体之间的多元复合型博弈关系在其他类型的农民合作社中同样存在。随着农村分工分业的深化，农民合作社的发展出现了许多新情

　　① 高强，南京林业大学农村政策研究中心主任、经济管理学院教授、博士生导师。课题组成员：张益丰、鞠可心、徐莹、侯云洁、韩国莹。

况。大多数依靠内部积累成长起来的农民合作社，都面临着日益开放的发展需求。在不同发展阶段，农民合作社需要根据资源禀赋予要素需求的匹配程度对资本进行选择，并确定嵌入主体的职能分工，最终形成不同的资本结构、利益关系和发展形态。

乡村旅游合作社的发展离不开乡土资源。相比于其他类型的农民合作社，乡村旅游合作社对资本的依赖程度更高，特别是在乡村旅游产业发展的初始阶段。外来资本凭借其雄厚实力、先进理念、现代化的管理、稳定客源等，在发展乡村旅游产业中具有明显的"外来优势"。然而，一种担心是，大量外来资本的涌入势必打破传统生产经营模式，农民合作社有可能处于被资本支配的状态。这就需要设计更为合理的产权结构和治理机制，以避免农民合作社异化为企业。经典合作经济理论也提出，要让农民合作社成为人的结合，而不是资本的结合。那么，乡村旅游合作社发展现状如何？有哪些成效与进展？在发展过程中对资本应当作何选择？外来资本与村社资源在乡村旅游合作社发展中有怎样的博弈关系？二者的治理地位和作用如何均衡匹配？回答上述问题，不仅有助于推动乡村旅游合作社发展，对于促进一般性的农民合作社从内部积累转向开放发展、从数量增长转为质量提升也具有重要意义。

一、我国乡村旅游合作社的发展现状

乡村旅游合作社作为农民专业合作社的一种类型，是广大农民自愿联合，民主管理，通过组织成员开展旅游相关业务、经营活动及服务，共同分享收益的互助性经济组织，是农村"三产"融合发展和乡村旅游发展实践的产物。作为联结乡村发展和旅游产业的有效载体，乡村旅游合作社在调动外来资本积极性和盘活村社资源等方面具有特殊优势。近年来已经成为各地推进乡村旅游规模化发展、实施旅游扶贫、推进乡村振兴的重要载体。

（一）发展时间相对较短，但进步速度较快

在《中华人民共和国农民专业合作社法》颁布之前，各地旅游部门已经在实践中摸索了一些组织农民进行旅游合作的路子。如2006年3月，云南省丽江市美泉村村委会召开村民大会，成立了玉龙县拉市海印象美泉生态旅游专业合作

社；2007 年，北京市第一家民俗旅游合作社在怀柔区雁栖镇官地村成立；2007 年 4 月 9 日，重庆市第一家生态旅游专业合作社在秀山县龙池镇美翠村成立。

2007 年 7 月 1 日《中华人民共和国农民专业合作社法》正式颁布实施后，乡村旅游合作社如雨后春笋般在全国各地陆续出现，发展模式越来越多样化，其功能也逐渐突破了协调内部竞争的范畴。2007 年 7 月 1 日，山东省青州市清风寨合作社获批挂牌，随后全国各省开始积极推进乡村旅游合作社这一新兴的乡村旅游组织形式。同年 7 月 25 日，浙江省安吉县的 9 个农家乐经营户签署协议，成立"故里炊烟"营销联合社；2009 年 9 月 23 日，四川省第一家乡村旅游合作社都江堰市沙湾乡村旅游专业合作社成立；2010 年 3 月，上海市第一家农业旅游农民专业合作社在奉贤区庄行镇潘垫村注册成立；2010 年 6 月 10 日，福建省第一家乡村旅游合作社武夷山市吴屯乡瑞岩乡村旅游专业合作社正式成立。

近年来，乡村旅游热度持续高涨，作为发展乡村旅游的重要组织载体，乡村旅游合作社在各方支持下也随之快速发展。截至 2018 年底，我国依法登记注册的农民合作社达 220.7 万家，其中有 7300 多家农民合作社通过整合土地、闲置农房、资金、技术和人才等资源要素，进军休闲农业和乡村旅游领域。不过，从数量和比例来看，我国的乡村旅游合作社仍有较大的发展空间。

（二）发展环境不断优化，支持政策逐步健全

随着乡村旅游合作社在各地的蓬勃发展，相关部门及不少省（区市）还专门采取了相应的举措推动乡村旅游合作社的发展。2010 年 4 月 21 日，山东省旅游局发布的《关于大力发展乡村旅游专业合作社的通知》明确提出，要在今后一段时期内把大力发展乡村旅游合作社，作为推动全省乡村旅游向前发展的重点和突破点。2010 年 5 月 1 日，山东省实施的《山东省农民专业合作社条例》明确规定，从事"农业休闲观光和乡村民俗旅游"的可以申请设立农民专业合作社。2010 年 7 月 5 日，福建省工商局宣布，福建省农民专业合作社将可从事休闲农业和乡村旅游业。上述政策对农业休闲观光、乡村旅游属于农民专业合作社经营范围进行了明确，使得乡村旅游合作社"无此注册类别"问题基本得到解决。2016 年，四川省政府办公厅出台了《关于大力发展乡村旅游合作社的指导意见》，提出要形成以乡村旅游合作社经济形态为鲜明特征的乡

村旅游发展新模式。经过几年的发展，乡村旅游合作社已经为四川的乡村旅游发展和脱贫攻坚作出了瞩目贡献。

2016 年中央一号文件首次明确提出"积极扶持农民发展休闲旅游业合作社"。《"十三五"旅游业发展规划》进一步提出"创新乡村旅游组织方式，推广乡村旅游合作社模式，使亿万农民通过乡村旅游受益"。2017 年，中央一号文件对发展乡村休闲旅游产业给出了具体方向，"鼓励农村集体经济组织创办农村旅游合作社，或与社会资本联办乡村旅游企业"。2020 年，农业农村部印发《新型农业经营主体和服务主体高质量发展规划（2020—2022 年）》提出，促进农民合作社规范提升，大力推进包括乡村旅游合作社在内的各类新型农业经营主体培育发展工作。规划的出台对于促进乡村旅游合作社从旅游扶贫载体向乡村振兴工作抓手转变、实现高质量发展具有重要指导意义。

（三）领办主体多样，发展模式趋于多元

随着乡村旅游合作社在推进休闲农业和乡村旅游规模化发展、带动农民增收等方面积极作用的逐渐凸显，在国家重大规划和政策引导下，各地掀起了乡村旅游合作社热。经过近几年的发展，我国乡村旅游合作社的数量和质量都在不断提高，出现了"合作社＋农户""合作社＋公司＋农户"等多种形式，经营范围也从单纯提供食宿，扩展到参与景区各种服务及开发。目前我国的四川、山东、云南、浙江、台湾、甘肃和东北地区的乡村旅游业开展势头良好，代表性的乡村旅游合作社数量较多。四川的乡村旅游合作社大多以"合作社＋农户"方式运行；云南的乡村旅游合作社主要以规划项目的形式进行建构；山东旅游合作社充分发挥地理区位优势，建设集观光、度假、休闲于一体的复合型乡村旅游合作社；台湾地区的旅游合作社则大多是自发组织型，也存在部分政府引导型、多方协作型旅游合作社；东北地区的旅游合作社大多是以政府、企业、农户三方合作形成的组织模式。乡村旅游合作社创办主体的性质和组建的途径呈现多样化和复杂化，有村民自发成立的村民组建合作社型，也有政府主导成立的政府主导型，还有不少是企业注资成立的"公司＋农户"；等等。参与主体的多样性决定了其背后纷繁复杂的利益关系。在乡村旅游合作社发展过程中，"公司＋农户""政府＋公司"等经营模式中，公司和政府因掌握了权力和资源而成为旅游业开发的强势群体，在将社区农民引向市场经济时，农民

的权益并没有得到有效保障。

（四）成员异质性明显，治理结构相对复杂

成员异质性是指成员之间的特征差异化，主要表现在自然资源、资本资源、人力资源和社会资源等多方面，而又以资本资源方面的差异最为突出。成员异质性使农民合作社在组建初期就形成了一股独大或者几股独大的资本结构，核心资本的提供者往往是各类乡村精英，而普通成员出资额度较低且比较平均。徐旭初和邵科（2014）认为，成员异质性包括资源禀赋、入社动机与参与行为三个维度。也有研究提出，成员在年龄、风险偏好、土地等资源禀赋方面的异质性在他们入社之前就已经存在，但会在他们加入合作社时形成不同的入社动机，最终导致他们形成所有者、惠顾者和管理者等差异化的角色分工。依据不同的价值和目标，乡村旅游合作社根据自身要素禀赋需求，选择村社资源与外来资本的联结方式，使成员标准成为一个可伸缩的弹性范围。在此范围内，外来资本、村级组织、经济能人、普通农户等不同类型成员之间功能互补、资源共用，核心成员的企业家才能和大额资本等资源禀赋同普通成员的土地、劳动力和小额资本等进行匹配，由此自然地形成了差异化的收益分配关系。农民合作社内部有充分话语权的成员主导着合作社的发展方向，也垄断着合作社的生产要素和组织要素。因此，成员异质性也可能诱发外部政策性资金在农民合作社内部成员之间分配不均等现象，导致普通成员的受益程度显著低于核心成员。

二、乡村旅游合作社发展存在的问题

（一）内部管理制度不健全、不规范

由于乡村旅游合作社发展时间较短，内部管理机制建设还很不健全，相关规章制度发育得不够成熟，很多合作社缺乏严格的制度规范。问题集中体现在两个方面：一是重建立、轻管理。不少乡村旅游合作社没有明确定位，组建目的仅仅是获得国家资金补助和政策扶持，在实际运作中，大都流于形式，缺乏规范管理，有的即使制定了规章制度，也存在有章不循、合而不作的现象。长期不规范组织和不正常活动使得一些合作社出现私企化倾向，少数管理人员控

制了合作社的经营管理权，各方面的权责利关系不明确，没有形成符合合作经济规则的决策机制和利益分配机制，削弱了合作社对农民的吸引力。二是重利润、轻服务。产品质量和服务质量是乡村旅游合作社可持续发展的关键，组建乡村旅游合作社的根本目的是实现成员利益的最大化。然而，很多乡村旅游合作社管理者的经营意识还停留在以最短的时间赚取更多的利润的层面，且大多合作社没有制定与成员的服务内容有关的细则，仅关注对成员的考勤等内容，并未体现如何接待好游客、做好服务工作等内容。合作社对入社成员缺乏统一服务标准和专业化培训，从业者的服务意识、技能和水平参差不齐。且大多合作社的普通成员，除了在进行分红时有一定程度的参与，在平时较少参与相关事务的管理和决策，导致对合作社提供的服务水平重视不够，不利于乡村旅游合作社的可持续发展。加之由于缺乏外部约束机制和监管部门的监督，更没有内部监事会等监督机构来实现与成员有效制衡，使得乡村旅游合作社较其他类型组织更容易出现投机取巧行为和集权化管理的问题。甚至部分合作社负责人利用职务之便，将合作社收益资本化为个人财产，只顾自己赚钱很少考虑成员的利益，广大成员的权益无法得到有效保障。

（二）政策支持体系不完善、不系统

政府的鼓励和支持对于乡村旅游合作社的发展十分重要，尤其在合作社发展初期，通过制定相关法律法规和政策，实施优惠的信贷、补贴等经济措施，可为乡村旅游合作社的可持续发展奠定坚实基础。目前，虽然各级政府部门已出台了相关政策，但相比于乡村旅游合作社发展的需求而言，扶持广度和力度还远远不够。一方面，在乡村旅游合作社的法律地位上，由于《农民专业合作社法》对乡村旅游合作社并未做出明确规定，导致一些地方的乡村旅游合作社在注册时碰到了"无此注册类别"的难题，甚至被工商部门拒绝注册。即使通过合法注册，具备了独立的民事主体地位，由于登记在工商部门，但业务上又由农业部门负责管理，导致很多乡村旅游合作社在具体操作中困难重重，很多问题无法解决。特别是发展初期，这种法律规定滞后于实践发展的现象导致乡村旅游合作社运营风险增加，一定程度上限制了乡村旅游合作社的发展。另一方面，在政策优惠的覆盖面上，目前还未建立起涵盖税收、信贷、财政等全方位的政策支持体系，多是仅针对个别示范性合作社的扶持政策，对于多数规模不大、刚刚起步的乡村旅游合作社来说，能享受的优惠很有限。此外，目前支持乡村旅游合作社发展的专项扶持资金和政策优惠较少，特别是对于民族地区、贫困山区、革命老区等发展资金短缺、外部资本进入较少的乡村旅游合作社，急需相关政策的扶持。推动乡村旅游合作社的持续健康发展，还是需要在实践中做到政策支持要有力，不断强化和优化政策供给。

（三）利益联结与内部治理机制不紧密、不健全

与其他类型的农民合作社相比，乡村旅游合作社的资本需求度更高、对外依存性更强，且更依赖于村社的乡土资源和组织资源。乡村旅游合作社的多元发展模式，决定了其发展运行的复杂性。由于农户、合作社与外来资本等多元主体获取信息、争取政策支持的能力存在差异，在发展过程中各主体权责利和收益分配模式往往不够明晰。由于剩余的分配机制与双方契约资本配置结构相关，缺乏资本的小农户在利益分配中常常处于被动和不利地位，企业等外来资本侵犯农民利益的现象屡见不鲜。紧密的联结通常建立在收益共享、风险共担的基础上，而当前农民与外来资本收益分配不均、共担风险的意愿不强，这导致各主体间的利益联结机制较为松散。从理论上讲，农民合作社"所有者与惠顾者同一"的本质属性要求成员承担成本、风险的义务与分享剩余的权利是均等的，但禀赋差异引发的成员异质性使各成员参与合作社发展的程度不同，因而他们对利益的诉求存在较大差别。现实中"大农"可以通过投入优势资本实现对农民合作社的治理控制。"大农"的生产效率、获利能力和成本节约程度均比"小农"高，农民合作社给予"小农"的惠顾返还也可能被占据控制地位的"大农"截留。乡村旅游合作社的产权资本化态势明显、资本集中度高，更容易导致资本所有者掌控合作社决策权和收益分配权。由于我国乡村旅游合作社的发展仍处于起步阶段，多数合作社缺乏专业人才，运行不够规范。而规范化程度较低、自组织能力较弱的乡村旅游合作社，可能由于外来资本嵌入造成合作社的异化，从而导致农户的积极性降低，最终使合作社运行困难。

三、乡村旅游合作社的发展阶段与组织特性

借鉴 Cook（1995）关于农民合作社发展阶段的划分方法，按照初始产权结构、资本供给机制、剩余索取权控制等标准，可以将乡村旅游合作社的发展划分为发展初期、加速成长期和稳定增长期三个阶段。根据不同发展阶段要素需求与禀赋结构的一致性，乡村旅游合作社做出资本选择决策，由此形成相应的产权结构和治理机制，并演化出不同主体主导下的利益博弈格局。

乡村旅游合作社的组织结构、发展路径与旅游产业特性高度相关，其资本选择又取决于不同时点的要素禀赋结构。乡村旅游合作社是成员的集合体，成员的要素禀赋状况是合作社要素禀赋结构的微观反映。一般来说，成员会根据对乡村旅游合作社经营状况、预期收益和发展前景等形成的初步判断，决定其资金、土地、劳动等要素的投入数量和比例。如果乡村旅游合作社的产业类型、技术路线能与其要素禀赋结构特征相适应，就说明其要素匹配度较高，也会产生比较优势并表现出市场竞争力。当然，乡村旅游合作社在自有资本与资源的占有量和相对丰富程度不同时，其要素匹配策略和资本选择方式也会不同。随着时间的推移，资本、土地、劳动等要素的稀缺性和比价关系会发生变化，乡村旅游合作社的要素禀赋结构也会随之改变。这就需要乡村旅游合作社基于乡土资源、产业规模和环境条件，对外来资本数量和进入方式进行动态调整。

在发展初期，大多数乡村旅游合作社的村社资源比较丰富，但资本相对匮乏，它们必须依靠吸引外来资本来盘活资源。为吸引更多的资金入社，乡村旅游合作社要向包括外来资本和本地成员在内的资本所有者赋权，以达到资本累积的目的。这一时期，村集体的资源动员能力不足，小农户参与决策的能力也比较弱，外来资本与村社资源的合作处于非均衡状态。由于信息获取不畅，外来资本与村社资源均不了解对方对于项目合作和投资行为的真实诉求，二者形成利益联结体需要经历一个长期的互相试探的过程。

外来资本的进驻对发展初期的乡村旅游合作社来说有着两方面的影响。一方面，发展初期，村社资源较为丰富，但对内吸收股金的能力不足，尤其是在地理位置较差、经济发展较为落后的村庄，村社丰富的资源与匮乏的资本形成

强烈反差，外来资本进入可以带动当地乡村旅游快速发展。另一方面，这一时期乡村旅游合作社的治理能力和小农户的参与决策能力均不足，外来资本预测到与村社资源合作后可以获得超额收益，进而选择"主动出击"。乡村旅游合作社处于被资本支配状态。开发利用村社资源的收益被外来资本更多地占有，客观上形成新的"隐性剥夺"。同时，乡村旅游合作社整体经济效益的提升也伴随着外来资本收益与农户成员收益差距的扩大，使小农户的相对剥夺感增强，因此，可能形成"外来资本剥夺型合作模式"。

在加速成长期，乡村旅游合作社自身积累快速增加，资本形式更加多样，但可开发的村社资源相对减少、稀缺性提高，因此，它们对资本的需求不再局限于外来资本。乡村旅游合作社的村社资源转化为自有资本的机会和比例都会增加，进而会影响合作社的资本构成和要素禀赋结构。这一时期，乡村旅游合作社依靠政府补贴或者自身积累，已经具备了一定的自主发展能力，因而外来资本的稀缺性相对较弱。乡村旅游合作社引入外来资本可以促进乡村旅游产业发展，外来资本和村社资源的收益都呈增长趋势，但收益分配比例取决于要素需求所决定的要素投入比例。因此，外来资本与村社资源可能形成两种合作模式：一是外来资本在乡村旅游合作社治理中占主导地位，其收益增幅大于村社资源的收益增幅的"外来资本主导共享型合作模式"。二是村社资源的收益增幅大于外来资本的收益增幅的"村社资源主导共享型合作模式"。在两种共享型合作模式中，外来资本与村社资源的收益均得到增加，并可以在一个相对合理的收益分配比例区间内实现合作共赢。

进入稳定增长期后，村社范围内的资本与资源达到均衡状态，乡村旅游合作社的自有资本足够支撑乡村旅游发展，但随着产业升级或者业务拓展，合作社又可能有新一轮吸收外来资本的需求。不过，在这一阶段，乡村旅游合作社已经拥有较强的自生能力，因而对于资本选择的主动权更大，从而倾向于吸纳本地企业或者有责任感的外来企业。有研究发现，在乡村旅游产业发展水平较高的地区，外来资本与村社资源的"合作共赢"可能并不明显，过度引入外来资本甚至会对乡村旅游合作社的生产效率和经营质量产生负面影响。这一时期，乡村旅游合作社的资本累积速度放缓，资本结构趋于优化。当乡村旅游合作社资本在数量上累积到一定程度时，不同主体的资本占有差距加大，拥有更多资本的核心成员具备了变革权利关系和治理结构的动力和实力。具体来看，在稳定增长期，乡村旅游合作社自身积累了足够的资本来发展乡村旅游产业。为了保护小农户的权益，乡村旅游合作社更倾向于由村社的能人乡贤引领，通过引导农户成员不断入股和扩股、与本地企业或者具有较强社会责任感的内生型外来资本合作等方式扩大经营规模，并使农户成员逐步掌控资本。此时，外来资本虽不能获取最大化的收益，但可以带来农户成员收益的增长，因此可能形成"外来资本反哺型合作模式"。

乡村旅游合作社在不同发展阶段均表现出资本累积性、成员异质性和动态匹配性这三大组织特征。其中，资本累积性是乡村旅游合作社可持续发展的基本前提；成员异质性内生于乡村旅游合作社要素禀赋需求，又反过来影响成员的资源占有与分配关系；动态匹配性则是各方力量博弈与组织演进的必然结果。这三个特征相互依存、不可分割，在不同发展阶段对乡村旅游合作社的影响有所差异，但共同形塑了合作社的产权结构与成长路径。乡村旅游合作社作为一种市场主体，其发展壮大的过程是资本累积、成员异化和权益动态匹配的过程。在资本化过程中，成员初始资源禀赋和盈利能力差异导致乡村旅游合作社成员分层。成员分层导致形成不对等的权力格局，使资源要素自下层成员向上层成员聚集，但逐层剥离后的要素收益自上层向下层流动。这种关系在乡村旅游合作社发展中主要表现为两方面：一方面，当资本累积到可以掌握对乡村旅游合作社的绝对控制权时，成员在资源调配和管理等方面的分化会加剧，异质性矛盾也会更加凸显。相应地，成员在各种资源禀赋上的差异与其在乡村旅游合作社中享有的权利也会形成动态匹配。另一方面，社内权益在分配上的变动实质上会使"大农"更大、"小农"更小，这反过来又会影响乡村旅游合作社的要素禀赋结构。同时，乡村旅游合作社通过人才引进和资金投入获得经济效益，也会使合作社资本总量不断累积。有研究指出，资本在累积过程中一般更有利于先行者，无论是同质性成员合作的囚徒困境还是异质性成员的合作均衡，合作的发起人一般为获益多的成员。也有研究发现，初期阶段非合作模式下的经济增长率高于合作模式下的经济增长率，但在后期资本逐渐累积状态下，二者的关系开始发生逆转。

四、乡村旅游合作社案例分析——基于沂源县的调查

（一）沂源县 4 家乡村旅游合作社简介

沂源县位于山东省中部、淄博市最南端，是典型的山区特色型农业大县，也是全国休闲农业和乡村旅游示范县。自 2007 年《中华人民共和国农民专业合作社法》正式实施以来，沂源县大力发展农民合作社，带动农户收入快速增长。该县的农民合作社经历了从单一的粮食生产到林果种植、畜牧养殖和乡村旅游等多元产业"百花齐放"的发展历程。截至 2020 年 12 月，全县注册的农民合作社总数达到 1487 家，涉及农户成员 76562 个。

2021 年 4 月 19—21 日，南京林业大学农村政策研究中心课题组在沂源县调查期间共走访 12 家农民合作社，其中包括 4 家乡村旅游合作社——沂源县正华果品专业合作社、沂源县柳兴乡村旅游专业合作社、沂源十里八乡乡村旅游专业合作社和沂源越水种植养殖专业合作社。4 家案例乡村旅游合作社的基本情况如表 1 所示。这 4 家农民合作社虽然注册的名称各异，但在调查时点都以乡村旅游为主营业务，它们在发展历程中均表现出较强的资本累积性、成员异质性和动态匹配性特征。

表 1　案例乡村旅游合作社的基本情况介绍

	沂源县正华果品专业合作社	沂源县柳兴乡村旅游专业合作社	沂源十里八乡乡村旅游专业合作社	沂源越水种植养殖专业合作社
注册时间（年）	2009	2013	2020	2012
注册成员（个）	259	201	5	105
注册资金（万元）	651	100.2	500	125
地理位置	燕崖镇汉林村	东里镇下柳沟村	燕崖镇朱家户村	张家坡镇阳三峪村

续表

	沂源县正华果品专业合作社	沂源县柳兴乡村旅游专业合作社	沂源十里八乡乡村旅游专业合作社	沂源越水种植养殖专业合作社
经营业务	乡村旅游、林下种植、绿色养殖、果品销售	乡村旅游	乡村旅游、果品种植	乡村旅游、果品种植、特色畜禽养殖、农民培训
合作模式	公司＋合作社＋农户＋基地	合作社＋农户	党支部＋合作社＋公司＋农户	合作社＋公司＋农户＋基地

（二）发展历程与模式

1. 发展初期：外来资本剥夺型合作

剥夺型合作是指外来资本在与村社资源合作中获得超额利润或者占有过多收益，过度侵占乡村旅游合作社收益的一种合作模式。这种模式大多发生于乡村旅游合作社发展初期，在地理位置偏远、经济基础薄弱的地区尤为普遍。由于乡村旅游合作社缺乏资金用来开发当地丰富的特色资源，难以依靠自身力量发展旅游产业，因此，即使合作收益较少，合作社也不得不选择与外来资本合作。

沂源县正华果品专业合作社所在的燕崖镇经济发展较为落后，辖区内共有2000多亩闲置土地和300多亩荒坡没有得到利用。在沂源县正华果品专业合作社成立初期，农户仅以土地折价方式入股经营果品种植，收益较低。2015年，该合作社与山东双马山现代农业旅游发展有限公司合作，开始经营休闲农业与乡村旅游。乡村旅游业务获得初步发展后，该合作社又与周边4个村集体谈判流转山岭薄地，以扩大经营规模。引入外来资本后，旅游景点建设和运营的全部成本由作为单位成员的山东双马山现代农业旅游发展有限公司承担，而农户成员作为长期或者季节性雇工参与景点运营，他们的工资由该合作社统一发放。在收益分配方面，单位成员获得80%～90%的利润，剩余利润用作合作社积累和农户成员分红。

2015年是沂源县正华果品专业合作社发展过程中的重要转折点。由于外来资本投入并主导经营，合作社主营业务从果品种植转型为乡村旅游。虽然以土地入股并以雇工的身份参与日常运营，但农户成员只是形式上的股东。合作社发展乡村旅游的主要资本积累来自外来资本，因此，外来资本是实质上的"大股"。合作社内部资本结构的变化，不仅使其经营业务发生了改变，也通过向资本所有者赋权重新调整了收益分配关系。农民合作社由单一生产经营模式向多种经营和服务综合化方向的业务调整与转变过程，在一定程度上也是缺乏投资要素的普通成员的边缘化过程。在这种剥夺型合作模式中，外来资本参与逐步演化为外来资本控制，村社资源与外来资本在合作社内部处于非均衡合作状态。更为极端的是，农民合作社有可能成为外来资本的投资对象，追求单位资本收益最高和资本积累成为合作社的新目标。当然，在发展初期，这种外来资本剥夺型合作符合乡村旅游合作社要素禀赋结构的比较优势原则，也能在一定程度上提升合作社的整体经济效益。但是，外来资本剥夺型合作模式下的乡村旅游合作社普遍缺乏农户成员的充分参与，单位成员与农户成员之间也缺乏应有的互信机制。因此，外来资本剥夺型合作模式下的乡村旅游合作社多处于过渡状态，其治理机制尚不健全，所形成的组织结构也不稳定。

2. 加速成长期：外来资本与村社资源的共享型合作

共享型合作是乡村旅游合作社各利益主体相对平等的一种合作模式。这种合作模式多出现于乡村旅游合作社加速成长阶段，不同主体对合作社的控制权或者贡献程度决定了其在收益分配关系中的地位。依据利益主导方的不同，共享型合作可以进一步划分为外来资本主导共享型合作和村社资源主导共享型合作。

外来资本主导共享型合作。这类合作是指外来资本掌握乡村旅游合作社更大控制权的共享型合作。在该模式下，外来资本不一定是投入占比最大的一方，但在市场、管理和经营等方面一般具有特殊优势。例如，沂源县柳兴乡村旅游专业合作社由沂源县东里供销社有限公司（下文简称"东里供销社"）和200个农户共同出资成立，其中东里供销社以30万元资金投资入股。在合作社内部，东里供销社和在合作社成立初期以闲置房屋入股并个体出资装修民宿的农户是核心成员，仅以资金入股、在发展初期贡献小的农户是普通成员。乡村旅游合作社成立后就开始盘活闲置深井、农房等村社资源，并通过分包、改造等方式对村社资源进行综合开发，培育了"田园柳舍"农家乐品牌。东里供销社入股 40％的资金，主要负责市场对接、客源管理和品牌运营等。合作社组织核心成员流转闲置房屋并出资装修，而普通成员只参与农家乐经营。在收益分配方面，东里供销社获得 40％的盈余收益，剩余 60％的盈余收益在其他核心成员与普通成员之间按 9∶1 的比例分配。

供销社作为嵌入性组织，可以有效嫁接体制内资源、市场资源和村社资源，使乡村旅游合作社与政府、市场、社会等主体的合作具备正当性。虽然从入股资金来看，东里供销社并没有占大股，但是，作为服务农户的综合性合作经济组织，其所拥有的组织网络、政策资源和物质资产都是一般性的农民合作社和传统小农户所不具备的（中国社会科学院农村发展研究所课题组，2021）。基于对政策扶持和风险规避的考虑，农户成员选择与供销社合作，以充分利用供销社提供的资金、项目和关系资源等，实现外来资本与村社资源的紧密合作。在这种合作模式下，由于预期能够获得更多的控制权和剩余索取权，甚至能获取某些特殊的政治收益，外来资本选择作为发起者动员分散的农户创办合作社。而小农户在不付出或者付出较小成本的情况下，也愿意让渡出更多的控制权和剩余索取权，以换取乡村旅游合作社发展所需的外在推力和发展环境等。外来资本主导共享型乡村旅游合作社的各利益主体之间虽然不存在悬殊的收益差距，但是，在治理过程中决策权和发展权主要由外来资本控制，农户难以依靠自身力量完成要素集聚，从长期看不利于合作社的内生发展。

村社资源主导共享型合作。在村社资源主导共享型合作模式下，村社资源与外来资本进行合作，但前者对乡村旅游合作社的控制权更大，在收益分配中占据主导地位，而外来资本只处于从属地位。例如，2020 年 4 月，沂源县燕崖镇的朱家户村、计宝峪村、姚南峪村、碾砣村和石井河村等八个村的党支部联合成立了朱家户联村党委。在该联村党委的引领下，八个村集体联合成立了沂源十里八乡乡村旅游专业合作社。该合作社与鲁燕旅行社淄博分社合作，整合朱家户（美食美宿）、计宝峪（星空营地）、姚南峪（村落文化）、碾砣（传统酿造）、石井河（休闲采摘）等各村的优势资源，通过系统谋划、整体布局和一体开发，联合发展乡村旅游。在运行过程中，沂源十里八乡乡村旅游专业合作社负责整体运营，外来资本协助对接市场，逐步形成了"党支部＋合作社＋公司＋农户"的发展模式。在分配关系方面，鲁燕旅行社淄博分社与沂源十里八乡乡村旅游专业合作社的收益分配比例为 4∶6。初次分配后，合作社内部在村集体和农户之间按 2∶1 的比例进行二次分配，最终，公司、村集体与农户的收益分配比例为 4∶4∶2。

这个案例表明，以乡村旅游合作社为平台，不同类型的村社资源可以得到有效整合，突破村社边界，实现抱团发展。在村社资源主导共享型合作模式下，外来资本的嵌入不但没有影响乡村旅游合作社的控制权和发展权，反而促进了组织内和组织间的信息流通，使外来资本与村社资源形成更稳固的合作关系，并最终提高组织绩效。当农户基于降低风险、节省交易成本等目的成立农民合作社并联合起来占据主导地位后，便有了积极引入外来资本的内生需求，同时能够形成具有约束力的"合作博弈均衡"。沂源十里八乡乡村旅游专业合作社的创新之处在于：当单一的村社资源在合作中力量过小时，村社资源有自发联合的趋向和动力，并有可能在合作谈判中占据主体地位。在这种模式下，村社资源与外来资本以乡村旅游合作社为载体形成利益联结体，有助于构建以小农户为主导的乡村产业体系。

3. 稳定增长期：外来资本反哺型合作

反哺型合作是指外来资本获得低于正常水平的利润率，而农户能实现利益最大化的合作模式。在这种模式下，外来资本通常来自一些具有社会责任感的公司或者由当地村干部、经济能人创办的本地企业。根据王敬尧和王承禹（2018）的研究，由本地具备资质条件和经营潜力的能人所创办的公司，属于内生型外来资本。沂源越水种植养殖专业合作社的成员全部为本村农户。合作社理事长田月水是沂源县张家坡镇阳三峪村党支部书记兼村主任，也是淄博市第十五届人民代表大会代表。在沂源越水种植养殖专业合作社发展初期，农户以土地、果树、劳动力、房屋、资金等多种方式入股，合作社主要经营特色种植养殖产业。自 2014 年起，理事长以个人名义先后开办沂源洋三峪乡村旅游开发有限公司、山东伏羊文化旅游有限公司和山东洋三峪现代农业发展有限公司。这三家公司属于典型的内生型外来资本，具有其他外来资本不具有的资源整合、政策倾斜和成员互信等优势。三家公司与沂源越水种植养殖专业合作社实行独立核算、合作经营，分别承担旅游开发、文化传播和农业发展的功能。在发展乡村旅游的过程中，农户以闲置农房入股合作社，再将集合起来的资源交由加入合作社的三家公司统一管理、统一经营。

（三）沂源县乡村旅游合作社发展模式的比较

沂源县四家乡村旅游合作社从不同角度反映了在不同发展阶段要素匹配、资本选择对合作社发展的影响，而进一步从横向和纵向角度对4种发展模式进行分析和比较，可以更加完整、全面地理解合作社的组织特性和结构性演进路径。在此基础上，对一般性的农民合作社的功能定位、产权归属、投资出资与收益分配等关系进行延伸讨论，有助于厘清影响农民合作社发展的关键因素和重要条件。

1. 乡村旅游合作社发展模式的比较

农民合作社是一种特殊的、基于社会资本的本土化经济组织，在其发展的各个阶段都伴随着要素禀赋结构的变化和外来资本与村社资源的动态博弈。表2对4家案例乡村旅游合作社的发展模式及其优劣势进行了比较。

表2 4家案例乡村旅游合作社的发展模式比较

	沂源县正华果品专业合作社	沂源县柳兴乡村旅游专业合作社	沂源十里八乡乡村旅游专业合作社	沂源越水种植养殖专业合作社
发展阶段	发展初期	加速成长期	加速成长期	稳定增长期
合作模式	外来资本剥夺型	外来资本主导共享型	村社资源主导共享型	外来资本反哺型
资本和资源特征	村社资源开发程度低，资本相对匮乏	有一定的资本积累和资源开发空间，资本居于优势地位	有一定的资本积累和资源开发空间，资源居于优势地位	村社范围内的资本与资源相对充足，但合作社有结构升级需求
具体分工	旅游公司负责资源开发和市场运营，村集体流转土地供景区建设，农户以雇工身份参与经营	供销社对村社资源进行综合开发，村集体提供平台，农户以多种形式参与经营	多个村集体整合优势资源抱团发展，旅游公司协助对接市场，农户充分参与经营	理事长创办的公司负责市场运营，农户在公司和合作社的安排下参与经营

	沂源县正华果品专业合作社	沂源县柳兴乡村旅游专业合作社	沂源十里八乡乡村旅游专业合作社	沂源越水种植养殖专业合作社
优势	市场化程度较高，现代化经营水平较高	可以嫁接多重资源，合作具备正当性	主体分工明确，统筹开发实现优势互补	市场竞争力强，合作关系稳定
劣势	公司获得超额收益，小农户"搭便车"问题难以避免	供销社控制决策权，农户参与程度较低	形成稳态结构的自运行条件比较苛刻	容易产生产权模糊、寻租等问题

横向来看，尽管四家乡村旅游合作社的发展模式各不相同，但都是在各自发展阶段和要素禀赋结构约束下形成的最优选择，均有一定的优劣势和适用性。例如，在外来资本剥夺型合作模式下，外来资本可以获得超额收益，但其承担的风险也最大，农户成员"搭便车"问题难以避免；村社资源主导共享型合作虽然属于较为理想的发展模式，但不得不承认其在合作社发展初期难以自发形成，且形成稳态结构的自运行条件也较为苛刻。

纵向来看，四家乡村旅游合作社的发展模式体现了乡村旅游合作社的成长路径和发展趋势。也就是说，乡村旅游合作社可能经历不同的发展阶段，其间可能会形成外来资本剥夺型、外来资本主导共享型、村社资源主导共享型和外来资本反哺型4种不同的合作模式。这也说明：乡村旅游合作社要推动组织结构性演进，必须基于各阶段的要素稀缺程度和禀赋结构，实现外来资本与村社资源的有机结合和动态结合。

2. 关于农民合作社发展的延伸讨论

理论与实践表明，农民合作社持续健康发展需要在坚持合作社本质性规定的基础上，尊重农户意愿和自主发展权，通过持续不断地推进渐进式改革与累进式制度创新，使合作社发展涵盖和容纳更加广泛的现代生产要素，获得更大的弹性空间。推进农民合作社发展，必须在把握外来资本与村社资源动态博弈这一核心主线的前提下，正确处理好功能定位、产权归属、投资出资与收益分配4个方面的关系。

（1）处理好功能定位关系

农民合作社的成长一般都会经历从孕育、诞生、发展到成熟的发展过程。农民合作社要针对各个发展阶段的组织特性与需求特征，动态匹配村社资源与外来资本，促进二者在合作社内部整合重构以形成发展合力。农民合作社在不同发展阶段对资源要素和资本要素有不同的需求，既不能盲目地引入外来资本，也不能片面地强调依靠村社资源自主发展，要结合合作社资本累积性、成员异质性和动态匹配性等组织特征，根据要素资源稀缺程度和需求迫切程度来充分发挥外来资本与村社资源各自的作用。农民合作社也要根据要素禀赋结构变化适时调整生产经营活动，推动要素组合优化，形成比较优势，激发内生发展动力，不断提高合作社的经营效率和盈利能力。

（2）处理好产权归属关系

在市场经济条件下，农民合作社的设立和消亡主要由市场机制决定，合作社的发展和转型也应主要靠市场力量推动。产权明晰和归属明确是农民合作社良性运行和协调发展的基础，也是使市场在资源配置中起决定性作用的必然要求。在农民合作社发展过程中，明晰的产权关系意味着相关利益主体能够实现权利与义务的对等、投入与回报的平衡，从而降低交易成本，并能够减少利益相关主体间的发展冲突。政府相关部门要强化农民合作社契约精神，明确外来资本的治理边界，引导外来资本与村社资源制定公正的合作协议。政府相关部门也要严格区分公司与合作社联合经营、公司入股合作社以及合作社办公司等不同产权形态，引导合作社明晰产权关系，推动合作社逐步形成健全的法人治理结构。

（3）处理好投资出资关系

企业投资和成员出资是农民合作社开展经营活动最重要的资金来源。从外部看，农民合作社要积极吸引企业投资，不断优化投资制度设计，选择最佳投资组合方式，优先引进具有合作精神、善于经营管理的本地企业家投资入股，优先保障本地农户成员群体的利益。同时，政府相关部门要协助合作社厘清其与企业投资者之间的财产权利关系，避免合作社与企业财产混同，防止外来资本排挤小农户，更不能让合作社完全被资本掌控。农民合作社要充分发挥党建引领和村集体经济组织的优势，推动拥有不同资源的农户跨村联合，实现抱团发展。从内部看，出资是成员获取入社资格、参与经营和盈余分配最为重要的依据之一。农民合作社要正确处理单位成员与个体成员、大股东与小农户的出资关系，创新出资方式，推行投入量与产出量关联的合作社出资制度，并加快完善非均等出资状态下合作社的内部治理机制。农民合作社要积极引导小农户全员出资，完善合作社出资结构，使农户成员逐渐获取更多的合作社资产所有权、控制决策权和剩余索取权，维护农户在合作社发展中的主体地位，推动合作社成为成员同质性较强的组织。

（4）处理好收益分配关系

共享收益、共担风险是农民合作社可持续发展的重要保障。在农民合作社建设和发展过程中，引入外来资本不仅能够弥补财政支持的不足、缓解资本困境，还能够带来先进的技术和管理经验。政府相关部门要将领办或入股农民合作社作为社会资本投资农业的重要形式，并积极培育内生型外来资本。同时，农民合作社要依托章程实行有效自治，引入相关信息化技术开展智能化管理，完善财务会计制度和盈余分配制度，平衡合作社内部权益分配结构，以抵御合作社内外的市场风险。农民合作社要把建立和完善公平的收益分配机制作为保障可持续发展的重要举措，实施分类核算，妥善处理好外来资本与村社资源、村集体与农户成员、投资成员与交易成员之间的收益分配关系，推动不同业务参与成员间贡献与收益的平衡，使各方在动态博弈下形成紧密合作关系。

（四）结论与启示

通过对山东省沂源县乡村旅游合作社案例的观察，分析了要素匹配与资本选择对乡村旅游合作社发展的影响。主要得出以下结论：第一，乡村旅游合作社在不同发展阶段呈现资本累积性、成员异质性和动态匹配性等特征；第二，乡村旅游合作社基于各阶段的要素禀赋结构对资本进行选择，并由此决定了外来资本和村社资源在合作社发展中的地位；第三，外来资本与村社资源在乡村旅游合作社不同发展阶段的合作模式各有优劣，这些合作模式反映了乡村旅游合作社的组织结构性演进和内部动态博弈关系；第四，在外来资本嵌入的过程中，乡村旅游合作社能否在保持自主性的基础上实现可持续发展，关键在于其是否形成促进外来资本内部化的制度约束和治理机制；第五，推进农民合作社发展，必须在把握外来资本与村社资源动态博弈这一核心主线的前提下，正确处理好功能定位、产权归属、投资出资与收益分配 4 个方面的关系。

基于以上结论，可以得出以下几点促进农民合作社发展的政策启示：第一，村社资源与外来资本在农民合作社发展过程中不可或缺，因此，要充分发挥两类主体、两种力量的积极性，实现成员意志的自由、充分表达，促进要素资源充分汇集。但同时也要高度重视外来资本引入可能引发的风险，做好制度设计与策略调适，防止利益主体的"串通合谋"行为发生。第二，农民合作社组织内部存在多层嵌套关系，采取"合作社＋公司"的合作模式可以实现合作社产权优势与公司经营优势的有机结合，而强化党建引领、村社互动等举措有利于发挥党组织、村集体、企业和合作社等多方的优势，从而实现合作共赢。第三，为了更好地发挥农民合作社的资源整合、服务联结和组织载体作用，政府相关部门应当积极引导本地能人领办合作社，这更有利于重塑村集体与小农户的利益关联，打造同股同权的利益共同体。第四，政府相关部门应针对农民合作社不同发展阶段出台相关支持政策，更好地发挥调控、引导、扶持和服务等作用，营造公平竞争的市场环境，进一步激发合作社发展活力。

五、推进乡村旅游合作社发展的对策建议

为了推进乡村旅游合作社的可持续健康发展，结合当前我国乡村旅游合作社的发展状况、呈现的突出问题以及调研案例乡村旅游合作社的情况分析，提出以下对策建议：

（一）完善内部管理制度，加大政策扶持力度

乡村旅游合作社的可持续发展离不开政府的扶持和完善的内部管理。因此，要引导乡村旅游合作社建立完善的内部管理制度，重点完善和加强规范经营、盈余分配等关键事宜和重大事项的制度，理顺内部治理权限与流程，明确各利益主体的权责关系。通过设立严格的规章制度和内部监督体系，增强成员对合作社运行管理的参与感，充分保障成员的权益，切实提升乡村旅游合作社经营管理与服务水平。乡村旅游合作社发展需要政府的大力扶持和政策支持。各地要坚持把发展乡村旅游合作社作为加快构建新型农业经营体系、提升乡村旅游发展水平、农业增效、农民增收的重要途径。一方面，政府相关部门应针

对农民合作社不同发展阶段出台相关支持政策，充分调动各类资源与生产要素支持和鼓励乡村旅游合作社的发展。如给予新设立的乡村旅游合作社一定数量的启动资金，同时在财政上给予资金支持以及税收上予以减免。加大对合作社成员的专业化培训，提高合作社成员的文化程度与管理水平，提高乡村旅游农民专业合作社的科学决策与管理能力。另一方面，政府财政部门应加大对乡村旅游的资金投入力度，加强乡村基础设施建设，改善乡村生态与社会环境，为乡村旅游合作社提供更好的外部支持。安排专项扶持资金，加大扶持力度，以重点支持、打捆支持等方式支持乡村旅游合作社开展信息、技术、培训、质量标准认证、市场营销和基础设施建设等服务。对用于基础设施建设和产业发展等方面的银行贷款，鼓励各地给予适当财政贴息补助。对民族地区、贫困山区、革命老区等地区缺乏龙头企业主导、发展资金短缺的乡村旅游合作社给予优先扶持。统筹安排项目引导资金，对乡村旅游合作社示范县和示范社予以重点支持。

（二）优化利益联结，突出农民主体地位

合作社的经营宗旨具有社会公平与经济效率的双重性。乡村旅游合作社运营的初衷和最终目的是要保障参与乡村旅游合作社的农民能够获利。在此背景下，要对有关利益主体进行合理定位，明确各主体权责利关系，其核心就是要建立完善乡村旅游合作社与外部企业、当地农民等的利益联结机制，形成利益共同体、命运共同体和责任共同体。注重利益保障机制建设，增强契约关系稳定性，实现对违约方的有效制衡，增加违约成本；承认农民合作社、大户、外来投资企业在发展中的贡献并进行合理的利益分配，协调好各主体关系，正确认识和解决剥夺感；引导农户和外部企业等利益主体相互促进、相互约束，加快形成企业和农户在合作经营上优势互补、分工合作的格局。另一方面，要突出农民主体地位，聚焦农民切身利益，建立完善的沟通联络、信息反馈等机制，正确处理政府、投资企业和农户之间的利益博弈，让农民更多分享产业增值收益。要提升农民的主人翁意识，提高其对乡村旅游合作社经营管理的参与意愿，引导农民利用资源禀赋产生效益；要提高农民的组织化程度，引导农民和外来资本合作共赢；要在产业链条的各个环节创设机会，提高农民参与能力。同时，也要加大监管力度，切实维护乡村旅游合作社成员参与经营管理和

收益分配等合法权益。

（三）推进外来资本内部化，健全内部治理机制

自有资本与外来资本的构成比例决定着乡村旅游合作社资本供给机制的性质，进而决定了不同主体的利益博弈关系，并会进一步影响合作社的内部治理机制。自有资本供给的不足和有限性使乡村旅游合作社不得不求助于外来资本。在外来资本嵌入过程中，乡村旅游合作社要在保持自主性的基础上实现可持续发展，其关键在于形成规范性的制度约束和内部治理机制，从而促进外来资本的内部化。依据资本和资源的匹配关系，可将乡村旅游合作社大致划分成外来资本主导、村社资源主导和核心农户主导 3 种类型。外来资本对乡村旅游合作社的影响，既受到合作社产权结构的制约，又受到合作社内部治理机制的规制。一方面，伴随着市场网络、技术和管理经验等先进要素的嵌入，外来资本通过重塑产权结构对乡村旅游合作社的经营策略和发展空间产生影响；另一方面，为防止外来资本控制剩余索取权，乡村旅游合作社必须主动采取应对性策略，强化"一人一票"制民主管理、按交易量（额）比例返还可分配盈余等内部制度约束，将合作社利益与外来资本利益进行有效联结，分享双方的优势资源。如果乡村旅游合作社具有较高的自主性，能够在博弈中依托健全的民主管理机制完成外来资本的内部化，就可以进一步提升合作社的自主发展能力。随着市场经济体制的不断完善，农民合作社吸收外来资本、促进合作经营与企业经营相容、走开放式发展道路，是大势所趋。这就需要农民合作社进一步健全内部治理机制，不断提升市场影响力与发展内聚力，以保证自身在资本自有、业务自立和发展自主的前提下，实现与外来资本的互惠共赢。

附录一：农民专业合作社数据相关网站

1. 农业农村部网站 www. moa. gov. cn
2. 国家统计局网站 www. stats. gov. cn
3. 国家工商行政管理总局网站 www. saic. gov. cn
4. 中国农民专业合作社研究网 www. ccfc. zju. edu. cn
5. 中国合作经济学会网站 www. chinacoop. org
6. 浙大卡特－企研中国涉农研究数据库（CCAD）

附录二：国家有关农村金融重大文件和法规演变

1951年，中国人民银行：《农村信用合作社章程准则》《农村信用互助小组公约》。

1979年，国务院：《关于恢复农业银行的通知》。

1981年，国务院：《中国农业银行关于村借贷问题的报告》。

1982年，中共中央一号文件：《全国农村工作会议纪要》。

1983年，中共中央一号文件：《当前农村经济政策的若干问题》。

1984年，国务院：《中国农业银行关于改革信用社管理体制的报告》。

1984年，中共中央一号文件：《关于1984年农村工作的通知》。

1985年，中共中央一号文件：《关于进一步活跃农村经济的十项政策》。

1986年，中共中央一号文件：《中共中央、国务院关于一九八六年农村工作的部署》。

1990年，中国共产党第十三届中央委员会第八次全体会议：《中共中央关于进一步加强农业和农村工作的决定》。

1996年，国务院：《关于农村金融体制改革的决定》。

1997年，国务院：《关于金融体制改革的决定》。

1997年，国务院：《关于农村金融体制改革的决定》。

2003年，中共中央一号文件：《关于全面推进农村税费改革试点的意见》。

2003年，国务院：《深化农村信用社改革试点方案》（国发〔2003〕15号文件）。

2004年，中共中央一号文件：《中共中央国务院关于促进农民增加收入若干政策的意见》。

2005年，中共中央一号文件：《中共中央国务院关于进一步加强农村工作提高农业综合生产能力若干政策的意见》。

2005年，国务院：《关于2005年经济体制改革意见》。

2006年，中央一号文件：《关于推进社会主义新农村建设的若干意见》。引导农户发展资金互助组织。

2006年，中国银监会：《调整放宽农村地区银行业金融机构准入政策的若干意见》。

2007年，《关于积极发展现代农业扎实推进社会主义新农村建设的若干意见》。

2008年，《关于切实加强农业基础建设进一步促进农业发展农民增收的若干意见》。

2009年，中央一号文件：《关于2009年促进农业稳定发展农民持续增收的若干意见》。加快发展多种形式的新型农村金融组织。

2010年，中央一号文件：《关于加大统筹城乡发展力度进一步夯实农业农村发展基础的若干意见》。加快培育农村资金互助社，有序发展小额贷款组织，设立适应"三农"需要的各类新型金融组织。

2011年，中央一号文件：《关于加快水利改革发展的决定》。

2012年，中国银监会：《关于农村中小金融机构实施富民惠农金融创新工程的指导意见》（银监办发〔2012〕189号）。

2012年，中国银监会：《关于农村中小金融机构实施金融服务进村入社区工程的指导意见》（银监办发〔2012〕190号）。

2012年，中国银监会：《关于农村中小金融机构实施阳光信贷工程的指导意见》（银监办发〔2012〕191号）。

2012年，中国银监会：《农户贷款管理办法》（银监发〔2012〕50号）。

2012年，中国银监会：《关于做好老少边穷地区农村金融服务工作有关事项的通知》（银监办发〔2012〕330号）。

2012年，中共中央国务院：《关于加快发展现代农业进一步增强农村发展活力的若干意见》。

2012年，中共中央一号文件：《关于加快推进农业科技创新，持续增强农产品供给保障能力的若干意见》。

2013年，中共中央一号文件：《关于加快发展现代农业进一步增强农村发展活力的若干意见》。

2013 年，国务院办公厅：《关于落实中共中央国务院关于加快发展现代农业进一步增强农村发展活力若干意见有关政策措施分工的通知》（国办函〔2013〕34 号）。

2013 年，中国银监会：《关于做好 2013 年农村金融服务工作的通知》（银监办发〔2013〕51 号）。

2013 年，中国银监会：《关于中小商业银行设立社区支行、小微支行有关事项的通知》。

2013 年，中国银监会：《关于持续深入推进支农服务"三大工程"的通知》（银监办发〔2013〕81 号）。

2014 年，中共中央一号文件：《关于全面深化农村改革加快推进农业现代化的若干意见》。

2014 年，中国银监会：修订完善《农村中小金融机构行政许可事项实施办法》。

2014 年，中国银监会：《关于做好 2014 年农村金融服务工作的通知》（银监办发〔2014〕42 号）。

2014 年，国务院：《关于金融服务"三农"发展的若干意见》（国办发〔2014〕17 号）。

2014 年，中国银监会：《关于推进基础金融服务"村村通"的指导意见》（银监办发〔2014〕222 号）。

2014 年，中国银监会：《关于进一步促进村镇银行健康发展的指导意见》（银监发〔2014〕46 号）。

2014 年，中国银监会：《关于鼓励和引导民间资本参与农村信用社产权改革工作的通知》（银监发〔2014〕45 号）。

2014 年，中国银监会：《加强农村商业银行三农金融服务机制建设监管指引的通知》（银监办发〔2014〕287 号）。

2015 年，中共中央一号文件：《关于加大改革创新力度加快农业现代化建设的若干意见》。

2015 年，国务院：《关于深化供销合作社综合改革的决定》。

2015 年，中国银监会：《关于做好 2015 年农村金融服务工作的通知》（银监办发〔2015〕30 号）。

2015年，国务院：《推进普惠金融发展规划（2016—2020年）》。

2016年，中共中央一号文件：《关于落实发展新理念加快农业现代化实现全面小康目标的若干意见》。

2016年，中国银监会：《关于做好2016年农村金融服务工作的通知》。

2016年，全国"两会"：《第十三个五年规划纲要》。

2016年12月，中共中央、国务院《关于深入推进农业供给侧结构性改革加快培育农业农村发展新动能的若干意见》（2017年中央一号文件）：抓紧研究制定农村信用社省联社改革方案。

2017年7月，第五次全国金融工作会议。

2017年10月，中国共产党第十九次全国代表大会。

2018年1月，《中共中央国务院关于实施乡村振兴战略的意见》（2018年中央一号文件）：推动农村信用社省联社改革，保持农村信用社县域法人地位和数量总体稳定。

2018年3月，"两会"《政府工作报告》：推动重大风险防范化解取得明显进展。

2019年1月，《中共中央国务院关于坚持农业农村优先发展，做好"三农"工作的若干意见》（2019年中央一号文件）：推动农商行、农合行、农村信用社逐步回归本源，为本地"三农"服务。

2020年1月2日，《中共中央国务院关于抓好"三农"领域重点工作确保如期实现全面小康的意见》（2020年中央一号文件）：深化农村信用社改革，坚持县域法人地位。加强考核引导，合理提升资金外流严重县的存贷比。

2020年1月2日至3日，中国人民银行工作会议在北京召开，会议部署2020年重点工作之一：深化中小银行和农信社改革。

2020年7月20日，中国银保监会召开2020年年中工作座谈会暨纪检监察工作（电视电话）会议，总结上半年工作，研究分析当前形势，安排下半年重点任务：加快推进中小银行改革，稳步推进农村信用社改革，因地制宜、分类施策，保持地方金融组织体系完整性，尤其要保持农信社或农商行县域法人地位总体稳定。

2021年1月2日，《中共中央国务院关于抓好"三农"领域重点工作确保如期实现全面小康的意见》（2021年中央一号文件）：深化农村信用社改革，坚持县域法人地位。加强考核引导，合理提升资金外流严重县的存贷比。

2022年2月22日，《中共中央　国务院关于做好2022年全面推进乡村振兴重点工作的意见》（2022年中央一号文件）：加快农村信用社改革，完善省（自治区）农村信用社联合社治理机制，稳妥化解风险。对机构法人在县域、业务在县域、资金主要用于乡村振兴的地方法人金融机构，加大支农支小再贷款、再贴现支持力度，实施更加优惠的存款准备金政策。

2023年1月2日，《中共中央　国务院关于做好2023年全面推进乡村振兴重点工作的意见》（2023年中央一号文件）：加快农村信用社改革化险，推动村镇银行结构性重组。

2023年1月13日，中国银保监会召开2023年工作会议，明确要求加快推动中小银行改革化险，积极稳妥推进城商行、农信社风险化解，稳步推进村镇银行改革重组。

2023年4月6日，中国银保监会发布《关于银行业保险业做好2023年全面推进乡村振兴重点工作的通知》，强化农村金融服务能力建设，健全农村金融服务体系。加快农村信用社改革化险，推动村镇银行结构性重组，农村中小银行机构要专注贷款主业、专注服务当地、专注支农支小。

参考文献

［1］《关于实施新型农业经营主体提升行动的通知》农经发〔2022〕1号.

［2］《农业农村部关于落实党中央国务院2022年全面推进乡村振兴重点工作部署的实施意见》农发〔2022〕1号.

［3］《关于加快发展农业社会化服务的指导意见》农经发〔2021〕2号.

［4］《国务院关于探索建立涉农资金统筹整合长效机制的意见》国发〔2017〕54号.

［5］《国家农民合作社示范社评定及监测办法》农经发〔2019〕5号.

［6］《开展农民专业合作社"空壳社"专项清理工作方案》中农发〔2019〕3号.

［7］《农民专业合作组织示范项目资金管理暂行办法》农财发〔2004〕5号.

［8］《中华人民共和国农民专业合作社法》中华人民共和国主席令第57号.

［9］《农民专业合作社示范章程》中华人民共和国农业部令第4号.

［10］《农民专业合作社登记管理条例》中华人民共和国国务院令第498号.

［11］《中共中央国务院关于切实加强农业基础建设进一步促进农业发展农民增收的若干意见》中发〔2008〕1号.

［12］《农业部办公厅关于印发〈农机专业合作社示范章程〉和〈农机社会化服务作业合同〉的通知》农办机〔2007〕33号.

［13］《中共中央关于推进农村改革发展若干重大问题的决定》中发〔2008〕16号.

［14］《财政部 国家税务总局关于农民专业合作社有关税收政策的通知》财税〔2008〕81号.

［15］《农业部关于加快发展农机专业合作社的意见》农机发〔2009〕6号.

［16］《农业部关于推进农业经营体制机制创新的意见》农经发〔2009〕11号.

[17]《工商总局 农业部关于进一步做好农民专业合作社登记与相关管理工作的意见》工商个字〔2013〕199 号.

[18]《农业部关于开展农民专业合作社示范社监测工作的通知》农经办〔2015〕5 号.

[19]《关于金融支持新型农业经营主体发展的意见》银发〔2021〕133 号.

[20] 汪恭礼，崔宝玉. 乡村振兴视角下农民合作社高质量发展路径探析 [J].经济纵横，2022（3）：96－102.

[21] 张文潇. 农民合作社转型与中国乡村振兴 [J]. 贵州大学学报（社会科学版），2020（4）：44－53.

[22] 杨旭东. 乡村振兴战略背景下的农民专业合作社研究 [D]. 长春：吉林大学，2022.

[23] 唐敏，陈美玲. 中国特色供销合作社40年改革发展历程 [J]. 新疆农垦经济，2019（1）：7－14.

[24] 孔祥智，何欣玮. 中国式现代化目标下供销合作社改革的方向和路径 [L]. 新疆师范大学学报（哲学社会科学版），2023，44（4）：77－88.

[25] 构筑规模化服务新格局——关于供销合作社深化农业社会化服务的研究 [J]. 中国合作经济，2023（2）：4－21.

[26] 苑鹏. 深化供销合作社综合改革的进展与挑战初探 [J]. 重庆社会科学，2017（9）：5－11＋2.

[27] 郑璐. 潍坊市供销合作社联合社打造"三位一体"综合合作"潍坊样本"思考 [L]. 南方农业，2022，16（24）：120－123.

[28] 一场艰巨的扭亏脱困之战 [J]. 中国合作经济，2021（S1）：46－48.

[29] 梁青青. 农地"三权分置"与农村发展机制：政策演变与趋势 [J].安徽农业科学，2023，51（7）：235－239.

[30] 胡万庆，梁秋. 新时代供销合作社助力乡村振兴的思考. 黑龙江粮食，2023（1）：14－17.

[31] 邓宏图，等. 从合作社转向合作联社：市场扩展下龙头企业和农户契约选择的经济逻辑 [J]. 管理世界，2020，36（9）：111－128.

[32] 尚虎平，黄六招. 新中国农村合作医疗参合率变迁研究 [J]. 中国农村经济，2020（7）：99－121.

［33］供销史话：全国第一个消费合作社，http：//www. oldkids. cn/blog/.

［34］杜志雄. 家庭农场发展与中国农业生产经营体系建构［J］. 中国发展观察，2018，184（Suppl.1）：43－46.

［35］郜亮亮，杜志雄，谭洪业. 家庭农场的用工行为及其特征：基于全国监测数据［J］. 改革，2020，314（4）：148－158.

［36］郜亮亮. 中国种植类家庭农场的土地形成及使用特征：基于全国31省（自治区、直辖市）2014～2018年监测数据［J］. 管理世界，2020，36（4）：181－195.

［37］第一批全国家庭农场典型案例之三：山东郯城县农大家庭农场：科学种粮与生产服务"两手抓"［J］. 中国农民合作社，2020，128（1）：64－65.

［38］岳红妮，胥继东. 唐山市家庭农场发展现状和典型案例分析［J］. 安徽农业科学，2018，46（31）：117－118.

［39］朱博文. 国外家庭农场模式［J］. 湖南农业，2013（6）：38.

［40］张录强. 我国农业生态系统营养循环链的断裂与重建［J］. 生态经济，2006（2）：103－105＋109.

［41］邱联鸿. 乡村振兴战略背景下家庭农场发展问题研究［J］. 决策咨询，2019（3）：89－92，96.

［42］高照. 基于农业分类的家庭农场规模认定研究［D］. 西北农林科技大学，2015.

［43］薛亮，杨永坤. 家庭农场发展实践及其对策探讨［J］. 农业经济问题，2015（2）：4－8.

［44］赵慧丽，李海燕，俞墨. 家庭农场：宁波模式的形成、特色与挑战［J］. 台湾农业探索，2013（3）：14－17.

［45］胡月英，郝世绵. 安徽郎溪家庭农场发展探究［J］. 新余学院学报，2017，22（1）：6－10.

［46］操家齐. 家庭农场发展：深层问题与扶持政策的完善：基于宁波、松江、武汉、郎溪典型四地的考察［J］. 福建农林大学学报（哲学社会科学版），2015，18（5）：21－26.

［47］张文雄. 以家庭农场为依托推进农业现代化［J］. 宏观经济管理，2013（7）：44－45.

［48］贠鸿琬. 新形势下家庭农场经营发展的思考［J］. 新疆农垦经济，2013（10）：53－56.

［49］孔令孜，宁夏，麻小燕，等. 国内外家庭农场的发展现状、特征、模式及启示［J］. 江西农业学报，2017.29（05）：139－145.

［50］张亿钧，李想，秦元芳，等. 皖南地区家庭农场发展模式探索：对安徽省宣城地区家庭农场发展现状的调研［J］. 中国合作经济，2014（11）：35－39.

［51］官波，陈骋婷，罗治情，等. 湖北省家庭农场发展问题研究［J］. 农业经济与管理，2015（1）：71－78.

［52］廖金秀，黄金绿，谭贤杰. 家庭农场的优势·存在问题与发展对策［J］. 安徽农业科学，2018，46（34）：205－211.

［53］邱拓宇，李大鹏. 中国家庭农场发展存在的问题及对策［J］. 河南农业，2019（2）：51－52.

［54］段景田. 建立大农场与家庭农场紧密型利益联结机制的几点思考［J］. 中国农垦，2018（11）：52－54.

［55］Alzaidi A A，Baig M B，Kassem H S，et al. The Role of Cooperative Association in Providing the Agricultural Services in the Governorate of Unaizah － Kingdom of Saudi Arabia.［J］. Agricultural Sciences － Sri Lanka，2020，15（2）：280－289.

［56］Allahyari M S，Damalas C A，Ebadattalab M. Determinants of Integrated Pest Management Adoption for Olive Fruit Fly（Bactrocera Oleae）in Roadbed，Iran［J］. Crop Protection，2016，84：113－120.

［57］Chayanov A V，Cajanov A V. Chayanov on the Theory of Peasant Economy［M］. University of Wisconsin Press，1923.

［58］Coase R H. The Nature of the Firm［J］. Economica，1937，4（11）：386－405.

［59］Gao Y，Zhang X，Lu J，et al. Adoption Behavior of Green Control Techniques by Family Farms in China：Evidence from 676 Family Farms in Huang－Huai－Hai Plain［J］. Crop Protection，2017，99（9）：76－84.

［60］Genius M.，Koundouri P.，Nauges C.，et al. Information Transmission Inirrigation Technology Adoption and Diffusion：Social Learning Extension Services, and Spatial Effects, American [J] . Journal of Agricultural Economics, 2014, 96 (1): 328—344.

[61] Hellin J, Lundy M, Meijer M. Farmer Organization, Collective Action and Market Access in Meso—America [J] . Food Policy, 2009, 34 (1): 16—22.

[62] Hueth B. , Ligon E. Producer Price Risk and Quality Measurement [J] . American Journal of Agricultural Economics, 1999, 81 (3) : 512—524.

[63] Irawan, E. Adoption Model of Falcataria—Based Farm Forestry: A Duration Analysis Approach [J] . Journal Ekonomi Pembangunan, 2016, 17 (1): 28—36.

[64] Kabir M H, Rainis R. Adoption and intensity of integrated pest management (IPM) Vegetable Farming in Bangladesh: An Approach to Sustainable Agricultural Development [J] . Environment Development & Sustainability, 2015, 17 (6): 1413—1429.

[65] Karapandzin J, Rodić V, Caracciolo F. Factors Affecting Farmers' Adoption of Integrated Pest Management in Serbia: An Application of the Theory of Planned Behavior [J] . Journal of Cleaner Production, 2019, 228: 1196—1205.

[66] Khataza, Robertson R B, Graeme J, et al. Information Acquisition, Learning and the Adoption of Conservation Agriculture in Malawi: A Discrete—time Duration Analysis [J] . Technological Forecasting and Social Change, 2018, 132 (7): 299—307.

[67] Korir J K, Affognon H D, Ritho C N, et al. Grower Adoption of An Integrated Pest Management Package for Management of Mango—infesting Fruit Flies (Diptera: Tephritidae) in Embu, Kenya [J] . International Journal of Tropical Insect Science, 2015, 35 (2): 80—89.

[68] Levay C. Agricultural Co-operative Theory: A Review [J] . Journal of Agricultural Economics, 1983, 34 (1): 1—44.

[69] Lokshin M, Sajaia Z. Maximum Likelihood Estimation of Endogenous Switching Regression Models [J] . Stata Journal, 2004, 4 (3): 282—289.

[70] MaW, AbdulaiA. IPM Adoption, Cooperative Membership and Farm Economic Performance: Insight from Apple Farmers in China [J] . China Agricul-

tural Economic Review, 2019, 11 (2): 218—236.

[71] Naziri D, Aubert M, Codron J, et al. Estimating the Impact of Small—scale Farmer Collective Action on Food Safety: The Case of Vegetables in Vietnam [J]. Journal of Development Studies, 2014, 50 (5): 715—730.

[72] Popkin S L. The Rational Peasant [M]. University of California Press, 1979.

[73] Qin G, Niu Z, Yu J, et al. Soil Heavy Metal Pollution and Food Safety in China: Effects, Sources and Removing Technology [J]. Chemosphere, 2020, 267, 129205.

[74] Rezaei R, Safa L, Damalas C, et al. Drivers of Farmers' Intention to Use Integrated Pest Management: Integrating Theory of Planned Behavior and Norm Activation Model [J]. Journal of Environmental Management, 2019, 236: 328—339.

[75] Schultz T W. Transforming Traditional Agriculture [M]. New Haudiovideoen: Yale University, 1964.

[76] Staatz J M. Recent Developments in the Theory of Agricultural Cooperation. [J]. Journal of AgriculturalCooperation, 1987, 2 (20): 74—95.

[77] Timprasert S, Datta A, Ranamukhaarachchi SL. Factors Determining Adoption of Integrated Pest Management by Vegetable Growers in Nakhon Ratchasima Province Thailand [J]. Crop Protection, 2014, 62: 32—39.

[78] Verhofstadt E, Maertens M. Smallholder Cooperatives and Agricultural Performance in Rwanda: Do Organizational Differences Matter? [J]. Agricultural Economics, 2014, 45 (1): 39—52.

[79] Williamson O E. The Economic Institutions of Capitalism: Firms, Market and Relational Contracting [M]. New York: Free Press, 1985.

[80] Wooldridge J. Introductory Econometrics: A ModernApproach [M]. 3rd Edition, Mason: Thomson, South—Western, 2008.

[81] Zhang S, Sun Z, Ma W, et al. The Effect of Cooperative Membership on Agricultural Technology Adoption in Sichuan, China [J]. China Economic Review, 2020, 62: 101—334.

［82］Zou L，Liu Y，Wang Y，et al．Assessment and Analysis of Agricultural non－Point Source Pollution Loads in China：1978 – 2017 ［J］．Journal of Environmental Management，2020，263：110400．

［83］蔡荣，汪紫钰，钱龙，等．加入合作社促进了家庭农场选择环境友好型生产方式吗：以化肥、农药减量施用为例 ［J］．中国农村观察，2019 (1)：51－65．

［84］蔡书凯．经济结构、耕地特征与病虫害绿色防控技术采纳的实证研究：基于安徽省 740 个水稻种植户的调查数据 ［J］．中国农业大学学报，2013，18 (4)：208－215．

［85］曹铁毅，邹伟．社会化服务供给对规模农户经济效益和绿色生产的影响 ［J］．长江流域资源与环境，2023，32 (3)：653－664．

［86］陈和午．农户模型的发展与应用：文献综述 ［J］．农业技术经济，2004 (3)：2－10．

［87］陈吉平，刘宇荧，傅新红．合作社社会化服务能促进农户病虫害综合防治技术的采纳吗：来自四川的经验证据 ［J］．中国农业大学学报，2022，27 (6)：264－277．

［88］储成兵．农户病虫害综合防治技术的采纳决策和采纳密度研究：基于 Double－hurdle 模型的实证分析 ［J］．农业技术经济，2015 (9)：117－127．

［89］董莹，穆月英．合作社对小农户生产要素配置与管理能力的作用：基于 PSM－SFA 模型的实证 ［J］．农业技术经济，2019 (10)：64－73．

［90］杜三峡，罗小锋，黄炎忠等．外出务工促进了农户采纳绿色防控技术吗？［J］．中国人口·资源与环境，2021，31 (10)：167－176．

［91］高晨，李桦．激励与约束影响茶农绿色防控技术采纳行为研究 ［J］．林业经济问题，2022，42 (4)：440－448．

［92］高杨，牛子恒．风险厌恶、信息获取能力与农户绿色防控技术采纳行为分析 ［J］．中国农村经济，2019 (8)：109－127．

［93］耿宇宁，郑少锋，陆迁．经济激励、社会网络对农户绿色防控技术采纳行为的影响：来自陕西猕猴桃主产区的证据 ［J］．华中农业大学学报（社会科学版），2017 (6)：59－69，150．

［94］郭利京，赵瑾．认知冲突视角下农户生物农药施用意愿研究：基于

江苏 639 户稻农的实证［J］．南京农业大学学报（社会科学版），2017，17（2）：123－133，154．

［95］国鲁来．合作社制度及专业协会实践的制度经济学分析［J］．中国农村观察，2001（4）：36－48．

［96］黄智君，何海燕，王秀英，等．市场风险、合作社社会化服务与农户农产品销售渠道选择的实证分析［J］．林业经济，2022，44（1）：65－75．

［97］黄炎忠，罗小锋．既吃又卖：稻农的生物农药施用行为差异分析［J］．中国农村经济，2018（7）：63－78．

［98］黄炎忠，罗小锋，唐林，杜三峡．绿色防控技术的节本增收效应：基于长江流域水稻种植户的调查［J］．中国人口·资源与环境，2020，30（10）：174－184．

［99］黄宗智．华北的小农经济与社会变迁［M］．北京：中华书局出版社，1986：38－43．

［100］黄祖辉，高钰玲．农民专业合作社服务功能的实现程度及其影响因素［J］．中国农村经济，2012，（7）：4－16．

［101］姜健，王绪龙，周静．信息能力对菜农施药行为转变的影响研究［J］．农业技术经济，2016（12）：43－53．

［102］孔祥智，徐珍源，史冰清．当前我国农业社会化服务体系的现状、问题和对策研究［J］．江汉论坛，2009（5）：13－18．

［103］寇博强，康涌泉．农业专业合作社社会化服务现状及对策研究［J］．农村经济与科技，2018，29（13）：76－77．

［104］李昊，李世平，南灵，等．中国农户环境友好型农药施用行为影响因素的 Meta 分析［J］．资源科学，2018，40（1）：74－88．

［105］李琪，李凯．减量增效技术的选择性采纳与集成推广策略［J］．中国农业资源与区划，2022，43（7）：27－37．

［106］李荣耀．农户对农业社会化服务的需求优先序研究：基于 15 省微观调查数据的分析［J］．西北农林科技大学学报（社会科学版），2015，15（1）：86－94．

［107］李振刚，李明鸣，王海莉．关于安徽南塘兴农合作社的调查：综合性农业合作社的个案研究［J］．学习与实践，2010（10）：114－125．

[108] 林黎，李敬，肖波．农户绿色生产技术采纳意愿决定：市场驱动还是政府推动？[J]．经济问题，2021（12）：67－74．

[109] 刘大鹏，刘颖，陈实．土地流转、规模经营对农业社会化服务需求的影响分析：基于江汉平原 393 个水稻种植大户的调查［J］．中国农业资源与区划，2019，40（1）：170－176．

[110] 刘迪，罗小锋．短视频 APP 对农户绿色防控技术采纳的影响［J］．资源科学，2022，44（9）：1879－1890．

[111] 刘迪，孙剑，黄梦思，等．市场与政府对农户绿色防控技术采纳的协同作用分析［J］．长江流域资源与环境，2019，28（5）：1154－1163．

[112] 刘浩，刘宇荧，傅新红．合作社标准化生产服务能够提升农户收入吗？[J]．农村经济，2021，470（12）：55－62．

[113] 刘洋，熊学萍，刘海清，等．农户绿色防控技术采纳意愿及其影响因素研究：基于湖南省长沙市 348 个农户的调查数据［J］．中国农业大学学报，2015，20（4）：263－271．

[114] 刘铮，周静．信息能力、环境风险感知与养殖户亲环境行为采纳：基于辽宁省肉鸡养殖户的实证检验［J］．农业技术经济，2018（10）：135－144．

[115] 卢华，陈仪静，胡浩，等．农业社会化服务能促进农户采用亲环境农业技术吗［J］．农业技术经济，2021（3）：36－49．

[116] 鲁可荣，周洁．农业生产组织对农业社会化服务需求意向及实际满足度分析：基于对浙江省 178 例农业生产组织的抽样调查［J］．福建论坛（人文社会科学版），2014（3）：135－139．

[117] 陆泉志，张益丰．合作社多元社会化服务的成员增收效应：基于山东省农户调研数据的"反事实"估计［J］．西北农林科技大学学报（社会科学版），2022，22（1）：129－140．

[118] 罗小锋，向潇潇，李容容．种植大户最迫切需求的农业社会化服务是什么［J］．农业技术经济，2016（5）：4－12．

[119] 吕成成．组织融合发展对农户农产品质量控制行为影响研究［D］．南京：南京林业大学，2022．

[120] 马千惠，郑少锋．信息获取渠道对农户绿色防控技术采纳行为的影响［J］．西北农林科技大学学报（社会科学版），2023，23（3）：109－119．

[121] 穆娜娜,孔祥智.合作社农业社会化服务功能的演变逻辑:基于仁发合作社的案例分析 [J].财贸研究,2019,30(8):64-75.

[122] 庞晓鹏.农业社会化服务供求结构差异的比较与分析:基于农业社会化服务供求现状的调查与思考 [J].农业技术经济,2006(4):35-40.

[123] 彭斯,陈玉萍.山区农户绿色防控技术采用及其收入效应研究:基于武陵山茶叶主产区的调研证据 [J].中国农业资源与区划,2023,44(1):24-35.

[124] 朋文欢,黄祖辉.农民专业合作社有助于提高农户收入吗:基于内生转换模型和合作社服务功能的考察 [J].西北农林科技大学学报(社会科学版),2017,17(4):57-66.

[125] 秦利,田雨虹.美国政府对农民专业合作社发展的政策支持 [J].世界农业,2017(1):104-108.

[126] 秦诗乐,吕新业.市场主体参与能否减少稻农的农药过量施用? [J].华中农业大学学报(社会科学版),2020(4):61-70,176-177.

[127] 石芮岭,彭译霆.合作社服务对农户减量使用化肥的影响研究 [J].农村经济与科技,2021,32(13):41-44.

[128] 孙顶强,Misgina A,卢宇桐,等.作业质量监督、风险偏好与农户生产外包服务需求的环节异质性 [J].农业技术经济,2019(4):4-15.

[129] 孙伟国.价值共享理论下创新农业合作社的发展模式研究 [J].农业经济,2023(3):84-86.

[130] 田路,郑少锋,陈如静.绿色防控技术采纳影响因素及收入效应研究:基于 792 户菜农调查数据的实证分析 [J].中国生态农业学报,2022,30(10):1687-1697.

[131] 万凌霄,蔡海龙.合作社参与对农户测土配方施肥技术采纳影响研究:基于标准化生产视角 [J].农业技术经济,2021(3):63-77.

[132] 王桂荣,王源超,杨光富,等.农业病虫害绿色防控基础的前沿科学问题 [J].中国科学基金,2020,34(4):374-380.

[133] 王学婷,张俊飚,童庆蒙.参与农业技术培训能否促进农户实施绿色生产行为:基于家庭禀赋视角的 ESR 模型分析 [J].长江流域资源与环境,2021,30(1):202-211.

[134] 王钊，刘晗，曹峥林．农业社会化服务需求分析：基于重庆市191户农户的样本调查 [J]．农业技术经济，2015（9）：17—26.

[135] 吴比，刘俊杰，徐雪高，等．农户组织化对农民技术采用的影响研究：基于11省1022个农户调查数据的实证分析 [J]．农业技术经济，2016（8）：25—33.

[136] 项朝阳，纪楠楠．社会资本对农户化肥农药减量技术采纳意愿的影响：基于学习能力的中介和生态认知的调节 [J]．中国农业大学学报，2021，26（2）：150—163.

[137] 谢琳，张禹欣，钟文晶．农业社会化服务组织何以促进化肥减量：基于经营主体的匹配效应研究 [J]．华中农业大学学报（社会科学版），2022（2）：47—56.

[138] 熊文晖，王燕，王永强．绿色认证对农户绿色防控技术采用影响研究：基于陕西省蔬菜主要种植区的调查数据 [J]．干旱区资源与环境，2021，35（11）：68—73.

[139] 熊鹰，何鹏．绿色防控技术采纳行为的影响因素和生产绩效研究：基于四川省水稻种植户调查数据的实证分析 [J]．中国生态农业学报，2020，28（1）：136—146.

[140] 徐清华，张广胜．加入合作社对农户农业新技术采纳行为的影响：基于辽宁省"百村千户"调研的实证分析 [J]．湖南农业大学学报（社会科学版），2022，23（1）：26—32，71.

[141] 薛志强，白育铭，高燕平，等．吕梁市实施农药减量增效工作的实践与思考 [J]．中国植保导刊，2023，43（4）：94—97.

[142] 闫贝贝，刘天军．信息服务、信息素养与农户绿色防控技术采纳：基于陕西省827个苹果种植户的调研数据 [J]．干旱区资源与环境，2022，36（5）：46—52.

[143] 闫贝贝，刘天军，孙晓琳．社会学习对农户农产品电商采纳的影响：基于电商认知的中介作用和政府支持的调节作用 [J]．西北农林科技大学学报（社会科学版），2022，22（4）：97—108.

[144] 杨丹．合作社在农业社会化服务体系中有何作用 [J]．中国农民合作社，2017（03）：42.

［145］杨丹，刘自敏．合作社获取外部农业社会化服务机理研究：基于选择性激励和交易成本的分析［J］．新疆农垦经济，2017，288（2）：1—12.

［146］杨高第，张露，岳梦，等．农业社会化服务可否促进农业减量化生产：基于江汉平原水稻种植农户微观调查数据的实证分析［J］．世界农业，2020（5）：85—95.

［147］杨兴杰，齐振宏，陈雪婷，等．政府培训、技术认知与农户生态农业技术采纳行为：以稻虾共养技术为例［J］．中国农业资源与区划，2020（7）：1—11.

［148］杨彩艳，齐振宏，黄炜虹，等．效益认知对农户绿色生产技术采纳行为的影响：基于不同生产环节的异质性分析［J］．长江流域资源与环境，2021，30（2）：448—458.

［149］杨永康，贾婷婷．农民合作社社会功能的多角度探析［J］．江苏农村经济，2016（5）：39—41.

［150］杨子，张建，诸培新．农业社会化服务能推动小农对接农业现代化吗：基于技术效率视角［J］．农业技术经济，2019（9）：16—26.

［151］应瑞瑶，徐斌．农户采纳农业社会化服务的示范效应分析：以病虫害统防统治为例［J］．中国农村经济，2014（8）：30—41.

［152］余威震，罗小锋，等．服务供给对稻农测土配方施肥技术采纳行为的影响研究［J］．长江流域资源与环境，2021，30（2）：484—492.

［153］余威震，罗小锋，李容容．孰轻孰重：市场经济下能力培育与环境建设：基于农户绿色技术采纳行为的实证［J］．华中农业大学学报（社会科学版），2019（3）：71—78，161—162.

［154］于艳丽，李桦，薛彩霞，等．政府支持、农户分化与农户绿色生产知识素养［J］．西北农林科技大学学报（社会科学版），2019，19（6）：150—160.

［155］喻永红，韩洪云．农民健康危害认知与保护性耕作措施采用：对湖北省稻农IPM采用行为的实证分析［J］．农业技术经济，2012（2）：54—62.

［156］袁雪霈，刘天军，闫贝贝．合作社对农户安全生产行为的影响：基于我国苹果主产区的调研［J］．西北农林科技大学学报（社会科学版），2018，18（6）：97—106.

[157] 曾福生，史芳．农业社会化服务如何促进小农户与现代农业有机衔接：一个理论分析框架 [J]．吉首大学学报（社会科学版），2021，42（3）：92—100.

[158] 章德宾，何增华．土地经营规模对农户信任——合作绩效的调节效应 [J]．华中农业大学学报（社会科学版），2017（2）：109—115，135.

[159] 张华，张忠明．标准化推动小农户与现代农业发展有机衔接：可行性与对策 [J]．农业经济，2023（01）：20—22.

[160] 张梦玲，陈昭玖，翁贞林，等．农业社会化服务对化肥减量施用的影响研究：基于要素配置的调节效应分析 [J]．农业技术经济，2023（3）：104—123.

[161] 张淑娴，陈美球，谢贤鑫，等．生态认知、信息传递与农户生态耕种采纳行为 [J]．中国土地科学，2019，33（8）：89—96.

[162] 张文龙．鸿远果蔬种植专业合作社绩效影响因素调查分析 [D]．沈阳：沈阳农业大学，2016.

[163] 张益，孙小龙，韩一军．社会网络、节水意识对小麦生产节水技术采用的影响：基于冀鲁豫的农户调查数据 [J]．农业技术经济，2019（11）：127—136.

[164] 张益丰，吕成成，陆泉志．蔬果合作社农产品品牌化与农户农产品生产质量控制行为：影响机制与效应测度 [J]．中国农业大学学报，2022，27（7）：283—298.

[165] 张永强，田媛．社会化服务模式对农户技术效率的影响 [J]．农业技术经济，2021，314（6）：84—100.

[166] 张朝辉，刘怡彤．加入农业合作社能促进果农采纳新型生物农药技术吗 [J]．林业经济，2020，42（12）：20—26，92.

[167] 张哲晰，潘彪，高鸣，等．农业社会化服务：衔接赋能抑或歧视挤出 [J]．农业技术经济，2023（5）：129—144.

[168] 赵连阁，蔡书凯．农户IPM技术采纳行为影响因素分析：基于安徽省芜湖市的实证 [J]．农业经济问题，2012，33（3）：50—57，111.

[169] 郑适，陈茜苗，王志刚．土地规模、合作社加入与植保无人机技术认知及采纳：以吉林省为例 [J]．农业技术经济，2018（6）：92—105.

[170] 钟颖琦，黄祖辉，吴林海．农户加入合作社意愿与行为的差异分析．西北农林科技大学学报（社会科学版），2016（11）：67—72.

[171] 周洁红，刘清宇．基于合作社主体的农业标准化推广模式研究：来自浙江省的实证分析．农业技术经济，2010（6）：88—97.

[172] 周慧颖，王杰，张辉．农民专业合作社必须从精英治理向合意治理变革［J］．农业经济问题，2019（6）：48—58.

[173] 崔宝玉，李晓明．资本控制下的合作社功能与运行的实证分析［J］．农业经济问题，2008，337（1）：40—47，111.

[174] 韩旭东，王若男，郑风田．能人带动型合作社如何推动农业产业化发展：基于三家合作社的案例研究［J］．改革，2019，308（10）：98—107.

[175] 黄珺，朱国玮．异质性成员关系下的合作均衡：基于我国农民合作经济组织成员关系的研究［J］．农业技术经济，2007，163（5）：38—43.

[176] 黄胜忠，伏红勇．公司领办的农民合作社：社会交换、信任困境与混合治理［J］．农业经济问题，2019，470（2）：53—62.

[177] 何安华，邵锋，孔祥智．资源禀赋差异与合作利益分配：辽宁省 HS 农民专业合作社案例分析［J］．江淮论坛，2012，251（1）：11—18，195.

[178] 李婵娟，左停．"嵌入性"视角下合作社制度生存空间的塑造：以宁夏盐池农民种养殖合作社为例［J］．农业经济问题，2013，34（6）：30—36，110.

[179] 李琳琳，任大鹏．不稳定的边界：合作社成员边界游移现象的研究［J］．东岳论丛，2014，35（4）：93—98.

[180] 李文杰，胡霞．为何农民合作社未成为"弱者联合"而由"强者主导"：基于农民合作社组建模式的实现条件分析［J］．中国经济问题，2021，325（2）：59—67.

[181] 梁巧，吴闻，刘敏，等．社会资本对农民合作社成员参与行为及绩效的影响［J］．农业经济问题，2014，35（11）：71—79，111.

[182] 林坚，黄胜忠．成员异质性与农民专业合作社的所有权分析［J］．农业经济问题，2007，334（10）：12—17，110.

[183] 楼栋，孔祥智．成员异质性对农民合作社收益分配控制权归属的影响分析：基于京、冀、黑三省 72 家农民合作社的调查［J］．农林经济管理学

报，2014，13（1）：32—40.

[184] 毛敏，李启洋，冯春. 成员异质性视角下合作社农户收益比较分析 [J]. 系统科学学报，2018，26（4）：73—78.

[185] 孟庆国，董玄，孔祥智. 嵌入性组织为何存在？供销合作社农业生产托管的案例研究 [J]. 管理世界，2021，37（2）：165—184，12.

[186] 米新丽. 论农民专业合作社的盈余分配制度：兼评我国《农民专业合作社法》相关规定 [J]. 法律科学（西北政法大学学报），2008，170（6）：89—96.

[187] 曲承乐，任大鹏. 农民专业合作社利益分配困境及对策分析：惠顾返还与资本报酬有限原则本土化的思考 [J]. 农业经济问题，2019，471（3）：100—107.

[188] 任大鹏，肖荣荣. 农民专业合作社对外投资的法律问题 [J]. 中国农村观察，2020，155（5）：11—23.

[189] 邵科，徐旭初. 成员异质性对农民专业合作社治理结构的影响：基于浙江省88家合作社的分析 [J]. 西北农林科技大学学报（社会科学版），2008，52（2）：5—9.

[190] 邵科，徐旭初. 合作社成员参与：概念、角色与行为特征 [J]. 经济学家，2013，169（1）：85—92.

[191] 王敬尧，王承禹. 农地制度改革中的村治结构变迁 [J]. 中国农业大学学报（社会科学版），2018，35（1）：35—46。

[192] 王军. 供销社领办农民专业合作社的相关问题分析 [J]. 中国农村观察，2012，107（5）：65—69，96.

[193] 肖荣荣，任大鹏. 合作社资本化的解释框架及其发展趋势：基于资本短缺视角 [J]. 农业经济问题，2020，487（7）：108—117.

[194] 徐旭初，邵科. 合作社成员异质性：内涵特征、演化路径与应对方略 [J]. 农林经济管理学报，2014，13（6）：571—576.

[195] 徐旭初，吴彬. 异化抑或创新：对中国农民合作社特殊性的理论思考 [J]. 中国农村经济，2017，396（12）：2—17.

[196] 徐志刚，谭鑫，廖小静. 农民合作社核心成员社会资本与政策资源获取及成员受益差异 [J]. 南京农业大学学报（社会科学版），2017，17

（6）：82－91，164.

［197］银元.乡村旅游合作社运营风险特征、防控机制与政策建议［J］.农村经济，2023，485（3）：135－144.

［198］张晓山.理想与现实的碰撞：《农民专业合作社法》修订引发的思考［J］.求索，2017，300（8）：16－24.

［199］赵泉民.嵌入性还是内源性：对合作金融资本供给机制剖析：以20世纪前半期中国乡村信用合作社为中心［J］.财经研究，2010，36（3）：36－45.

［200］赵鑫，于欣慧，任大鹏.市场视域下农民专业合作社章程的有效自治［J］.农村经济，2021，462（4）：138－144.

［201］中国社会科学院农村发展研究所课题组，张晓山.“三位一体”综合合作与中国特色农业农村现代化：供销合作社综合改革的龙岩探索［J］.农村经济，2021，465（7）：11－24.

［202］钟真，余镇涛，白迪.乡村振兴背景下的休闲农业和乡村旅游：外来投资重要吗？［J］.中国农村经济，2019，414（6）：76－93.

［203］Cook M L. The Future of US Agricultural Cooperatives：A Neo－institutional Approach［J］. American Journal of Agricultural Economics，1995，77（5）：1153－1159.

［204］Futagami，K.，and Y. Nakabo. Capital Accumulation Game with Quasi－geometric Discounting and Consumption Externalities［J］. Economic Theory，2019，71（1）：251－281.

［205］Gosselin，P.，A. Lotz，and M. Wambst. Heterogeneity in Social Values and Capital Accumulation in a Changing World［J］. Journal of Economic Interaction and Coordination，2019，14（1）：47－92.

［206］Valentinov V L. Toward a Social Capital Theory of Cooperative Organisation［J］. Journal of Cooperative Studies，2004，37（3）：5－20.